JN118732

日本語×世界の課題を学ぶ

日本語でPEACE

Poverty
中上級

奥野由紀子［編著］

小林明子
佐藤礼子
元田 静
渡部倫子［著］

BONJINSHA にほんごの凡人社

もくじ

この本の考え方

この本では、よりよい世界を目指すためにみんなで考えていきたいテーマとして「貧困」を選びました。貧困の問題は、どこの国にも、いつの時代にもあり、戦争や格差や差別の原因にもなっています。自分とは関係がないと思う人もいるかもしれませんが、自分の普段の行動が、遠い国の貧困と関わっているかもしれません。貧困の問題をテーマとして学ぶことは、みなさんにとって身近なことと世界の問題のつながりに目を向け、自分のこととして考える貴重な機会になるはずです。さらに、それを日本語で学ぶことによって、他の国の人々と知恵を分かち合うことができます。

この本は、日本語教育を通して世界の平和について学ぶことの大切さを教えてくれた縫部義憲先生（広島大学名誉教授）の「PEACE」というコンセプトがもとになっています。このコンセプトは、2009年に行われた最終講義で発表されました。「貧困」はこの「PEACE」の頭文字の「P：Poverty」に当たります。縫部先生は平和な世界にするために、これから以下の「PEACE」を考えていかなくてはならないとおっしゃいました。

P：Poverty（貧困からの脱却）
E：Education（すべての人に教育を）
A：Assistance in need（自立のための支援）
C：Cooperation & Communication（協働と対話）
E：Ecology & Environment（生命と地球環境の保全）

これらは2015年の国連サミットで採択された、2030年までに持続可能でよりよい世界を目指す国際目標（SDGs: Sustainable Development Goals）にも含まれているものです。地球上の「誰一人取り残さない (leave no one behind)」と誓われているように、これらの問題は私たち一人ひとりが取り組むべきユニバーサル（普遍的）なものであると言えるでしょう。

また、この本は、CLIL（Content and Language Integrated Learning：内容と言語を統合した学習）という教育アプローチに基づいています。CLIL（クリル）では、単に言語だけを学ぶのではなく、以下の 4C を意識して学んでいきます。

4C		
	Content 内容	世界で起こっているさまざまな問題を理解する
	Communication 言語	日本語で互いに伝え合う、学習スキルを高める
	Cognition 思考	内容や言語の学習について考える
	Community/**C**ulture 協学・異文化理解	地球市民の一員として、仲間と協調する

この 4C を大きな車の車輪のようにイメージしてみてください。その車には一緒に学び旅するクラスの仲間も乗っています。まず一緒に旅する仲間のことをお互いに知り、共に世界のことについて考えていきます。このように、この本では、「貧困」という内容をもとに、日本語力だけではなく、すべての学びに必要な学習スキルや、深い思考力、互いを理解し協調していく力をつけることを目指します。楽しく学び、この本をきっかけに、よりよい世界をつくるために行動できる人になってもらえたらうれしいです。

この本の使い方（この本で学ぶみなさんへ）

- 主に、中上級レベルが対象です。
- この本は全部で 11 ユニット（ユニット 1 ～ 10 ＋オプションユニット）あります。
- ユニットごとに語彙リストがあります。語彙リストはやさしい日本語で説明されています。本文の理解に必要な意味だけを書いています。
- ユニットによって活動は異なります。

［ユニット 2 の活動例］

1	話してみよう
2	読んでみよう
3	説明してみよう
4	書いてみよう
5	話し合ってみよう
6	もっと調べてみよう
	コラム
	語彙リスト

［ユニット 4 の活動例］

1	話してみよう
2	読んでみよう
3	発表資料を作ってみよう
4	発表してみよう
5	話し合ってみよう
	コラム
	語彙リスト

- 内容や意味を大切にしています。
- 日本に住む人の考えや日本以外のことも学べます。
- ことばを実際に使うことを大切にしています。
- 教科書用に書かれたものではなく、一般用の本を読みます。難しいことばもありますが、こわがらずに読みましょう。
- ふりがなは、日本語能力試験（JLPT）N2 程度以上の語（ユニットで初めて出たもの／読み物はそのページで初めて出たもの）についています。
- もっと知りたいことは自分で調べてみましょう。調べるときには、自分が使える他の言語も活用しましょう。
- 別冊のポートフォリオも必ず使いましょう。学習効果も高まり、自分の成長を知ることができます。
- 自分の意見を言うことが恥ずかしくなくなります。いつのまにか日本語で考えたり、使ったりすることができる自分におどろくはずです。
- いろいろな考えの人と学ぶことの楽しさをぜひ知ってください。
- 学校以外でこの本を使うときは、一緒に学ぶ人を見つけて勉強してみたり、オンラインツールも活用してみたりしましょう。

楽しく学ぼう

この本の使い方（教師のみなさまへ）

この本は、主に中上級の学習者を対象としており、全部で11ユニット（ユニット1〜10＋オプションユニット）から構成されています。本冊と毎回の活動に必要なワークシートがまとめられたポートフォリオに分かれています（ポートフォリオの一部は凡人社のウェブサイトからダウンロード可能です）。ポートフォリオは学習者自身の学びの記録になるもので、授業の最後のふり返りにも使います。また、成績をつける際の評価の対象にすることもできます。また、各ユニットの詳細については『教師用指導書』をご参照ください。くわしくは、下記サイトをご覧ください。

◀「DL ポートフォリオ」は
こちらから
（凡人社ウェブサイト内
特設サイト）

CLILでは、加工されていない生きた素材を使うことが勧められています。この本で紹介している読み物もできるだけそのままの形で載せています。ただ、学習者にとって見なれない語も多いので、巻末に語彙リストや話すときに便利な表現リストをつけました。語彙リストは、本文の理解に必要な意味だけ、やさしい日本語で書かれています。意味を自分で調べてほしいものについては【🔎調べてみよう】という印がついています。辞書や翻訳ソフトを使って学習者が最も使いやすい言語で確認させてください。語彙リストの一部はwebでダウンロード可能です。また、読み物のすべては掲載できないので、上級学習者には、本書で紹介している書籍をぜひ実際に手に入れて、できるだけ多くの内容に触れるようアドバイスしてください。中級学習者にとって読み物が難しい場合は、教師用指導書に挙げてある他の読み物に差し替えることもできます。また、学習者のレベルに関わらず、関連したホームページや映像を見ることも役に立ちます。

大事なことは、一字一句訳して、理解して覚えることではありません。内容に興味を持ち、自分の持っているもの（すでに持っている知識、日本語力、母語や他の言語の力、ITリテラシーも含まれます）をフルに使って、読み取り、意味を理解し、クリティカルに考え、話し合い、学びを深めることが大切です。意味のやりとりを大切に、日本語の間違いを恐れず、安心して、率直に自分の考えが述べ合えるような教室の雰囲気づくりを心がけてください。必要に応じて日本語に限らず共通に使える言語を使ってもかまいません。CLILについてもっとくわしく知りたい方は、『日本語教師のためのCLIL（内容言語統合型学習）入門』（凡人社）をご覧ください。

　各ユニットのはじめに、そのユニットの目標が４Ｃごとに書かれています。４Ｃを意識しながら、無理なく、テーマについて調べたり、読んだりしながら理解を深め、それをポスターやレジュメ、発表などの方法を通して、クラスの仲間と共有し、話し合い、思考を深めていきます。そのときに、よりよいレジュメとは何か、発表とは何かなど、学習スキルについても考えながら学んでいきます。ときには、学習者同士で意見が異なることもあるでしょう。それは学びを深めるチャンスです。自分の意見との違いについて考えたり、相手を尊重しながら伝え合う機会にしてください。

　本書の各ページの右の欄には、その活動に必要なキーワードやポイントが書かれていて、この本のキャラクターであるクリルンが学習者の学びをサポートしてくれます。空いているスペースには学習者自身が新しく学んだことばを書き込むなど、自由に使ってください。

　活動の最後では、ポートフォリオを見返して、この本で何を学んだかふり返ります。日本語はもちろん、内容の理解が深まり、批判的に考えられるようになる、当事者として捉えられるようになるなど、それ以外にも多くの点で学習者の成長を感じることができると思います。

　筆者たちは、この“PEACE”をテーマとして、７年間ぐらいオンラインを含めさまざまな教育現場で、多くの日本語学習者や日本語を母語とする学生たちと学びながら、この本を作りました。「この本の考え方」でも述べたように、この本は、日本語だけではなく、内容への深い理解、学習スキルの向上も目指しているので、継承語教育や、大学の初年次教育、中高生の国際理解教育などにも応用できると思います。

　しかし、私たちは国際協力や、貧困学の専門家ではないので、まだまだわからないこと、知らないこともたくさんあります。また、本の内容と状況も変わってきているかもしれません。是非、学習者のみなさんと一緒に内容をアップデートしたり、目的や興味、レベルに合わせて差し替えるなどして自由にお使いください。

本書は JSPS 科研費 JP18K00691、JP19H01270、
JP18K00711 の助成を受けました。

一緒に考えていこう

クリルン

Can-do リスト

コースの前とコースのあとにチェックを入れて、できることを比べてみましょう。

● Content 内容

／	／	No.	Can-do	主なUNIT
✓	✓	1	世界の現状と課題について知りたい。	1
✓	✓	2	貧困の現状について知っている。	2
✓	✓	3	貧困の原因や背景を知っている。	2
✓	✓	4	「シエラレオネ」を知っている。	3, 4, 5
✓	✓	5	国際協力の現場やしくみについて知っている。	4, 5
✓	✓	6	「社会起業家」を知っている。	6
✓	✓	7	社会起業家の活動について知っている。	6, 7, 8
✓	✓	8	社会起業家の活動の課題について知っている。	6, 7, 8
✓	✓	9	貧困に対する支援の方法について知っている。	6, 7, 8
✓	✓	10	貧困に対する自分ができる支援の方法について知っている。	9

● Communication 言語

／	／	No.	Can-do	主なUNIT
✓	✓	11	世界の現状や支援に関する資料を読むことができる。	4, 5, 6, 7, 8
✓	✓	12	読んだ資料をわかりやすくまとめてポスターを作ることができる。	3
✓	✓	13	読んだ資料をわかりやすくまとめてレジュメ（発表資料）を作ることができる。	4, 5
✓	✓	14	読んだ資料をわかりやすくまとめてスライドを作ることができる。	7
✓	✓	15	貧困に関することばを知り、他の人にわかりやすく説明することができる。	2, 3, 4, 5, 8
✓	✓	16	わかりやすい発表をすることができる。	3, 5, 8
✓	✓	17	ディスカッションをすることができる。	8
✓	✓	18	発表を聞いて質問をすることができる。	3, 4, 5, 8
✓	✓	19	作文やレポートで自分の意見を書くことができる。	1, 10
✓	✓	20	発表、作文やレポートを評価することができる。	5, 7, 8

● Cognition 思考

／	／	No.	Can-do	主なUNIT
✓	✓	21	世界の現状や課題と自分との関わりについて客観的に整理できる。	1, 9
✓	✓	22	資料を読んで重要な情報を取り出し、まとめることができる。	4, 5
✓	✓	23	どのような発表、作文やレポートがよいかを理解している。	5, 7
✓	✓	24	発表、作文やレポートの準備を計画的にすることができる。	6
✓	✓	25	自分と他の人の資料の読み方や説明のしかたを比較することができる。	4, 5
✓	✓	26	他の人と話し合いたいこと（ディスカッション・ポイント）を見つけることができる。	6, 7
✓	✓	27	他の人の発表や意見を聞いて、疑問点やもっとくわしく知りたいことを考えられる。	8
✓	✓	28	問題を解決するための方法（貧困に対する支援など）や課題を考えられる。	9
✓	✓	29	問題を解決するための行動を考えることができる。	9
✓	✓	30	学ぶ前と学んだあとの自分の考えを比べる。	10

● Community/Culture 協学・異文化理解

／	／	No.	Can-do	主なUNIT
✓	✓	31	ディスカッション・ポイントについて積極的に話し合うことができる。	7, 8
✓	✓	32	ペアやグループで発表の準備をすることができる。	3, 4, 5, 7
✓	✓	33	他の人の発表を聞いて質問することができる。	3, 8
✓	✓	34	他の人の発表やレポートを評価することができる。	5, 8
✓	✓	35	世界の現状と課題に関心を持つ。	1, 2
✓	✓	36	世界の問題と自分とのつながりに気づくことができる。	1, 9
✓	✓	37	異なる環境に住む人々について関心を持つ。	1, 3, 4, 5
✓	✓	38	他の人の価値観を認めることができる。	8, 9
✓	✓	39	世界の問題を解決する方法に関心を持つ。	6, 7, 8, 9
✓	✓	40	世界の問題を解決するために、他の人や自分ができることに気づくことができる。	9

プロローグ

「世界がもし100人の村だったら」

自分のことを知ろう

今、みなさんが住んでいる世界はどのようなところでしょうか。
このユニットでは、世界の現状について知ること、
自分のことを知ることをめざします。
授業では、文章を読んだりグループで話し合いをしたりして、
自分が世界について何を知っているか、
どう考えているかについて考えます。

できるようになったら
チェックしよう!

ユニット1の目標

4C		
内容 Content		□ 1. 世界の現状と課題を知る。
言語 Communication		□ 1. 世界の現状や貧困に関することばを知る。 □ 2. 世界の現状や貧困に関する資料を読む。 □ 3. 自分の意見を作文にまとめる。
思考 Cognition		□ 1. 世界の現状と自分の現状を比べる。 □ 2. 世界と自分の関わりについて客観的に整理する。
協学・異文化理解 Community/Culture		□ 1. お互いを知る。 □ 2. ペアやグループで話し合う。 □ 3. 世界の現状と課題に興味を持つ。

1 話してみよう

行ったことのある国・行ってみたい国

❶ みなさんがこれまで行ったことがある国や地域は、どこですか。そこで何をしましたか。

❷ みなさんがこれから行ってみたい国や地域は、どこですか。どうしてそこに行ってみたいのですか。そこで何をしたいですか。

Point

クラスメートのことを知ろう！

2 考えてみよう

『世界がもし 100 人の村だったら』

❶ まず、次のページの（　　　）に数字を予測して入れましょう。

❷ 次に、先生が読む文を聞いて確認してください。もしくは、巻末資料（p.159）の答えを見てチェックしてください。

❸ あなたが最も印象に残った部分はどこですか。なぜそれが最も印象に残りましたか。

❹ あなたはどのような村人ですか。どのような生活をしていますか。

❺ 感想を他の人と話し合いましょう。

Point

語彙リストが p.8 にあるよ

Keyword

性別
宗教
言語
生活
教育
安全

「世界がもし 100 人の村だったら」

① 世界には（____）億人の人がいますが
もしもそれを 100 人の村に縮めるとどうなるでしょう。
100 人のうち

例えば、②の子どもの数と
大人の数を合わせると
100 人になるよ！

② （____）人が子どもで （____）人が大人です
そのうち（____）人がお年寄りです

③ （____）人がキリスト教 （____）人がイスラム教
（____）人がヒンドゥー教 （____）人が仏教を信じています ＜中略＞
（____）人は、ほかのさまざまな宗教を信じているか
あるいはなにも信じていません

④ （____）人は中国語をしゃべり （____）人はスペイン語を
（____）人は英語を （____）人はヒンディー語を
（____）人はアラビア語を （____）人はベンガル語を （____）人はポルトガル語を
（____）人は日本語を （____）人はロシア語をしゃべります
あとの（____）人はインドネシア語、ドイツ語、フランス語などをしゃべります

⑤ （____）人は栄養がじゅうぶんではなく （____）人は死にそうなほどです
でも（____）人は太り過ぎです

⑥ （____）人は食べ物の蓄(たくわ)えがあり 雨露(あめつゆ)をしのぐところがあります
でも、あとの（____）人はそうではありません
（____）人は、きれいで安全な水を飲めません

⑦ 村人のうち
（____）人が大学教育を受け （____）人がインターネットを使っています
けれど、（____）人は文字が読めません

（『世界がもし 100 人の村だったら』池田香代子再話／ C. ダグラス・ラミス対訳（マガジンハウス）より一部抜粋）

＊数字は新しいものに訂正しています
参考：「100 People: A World Portrait」https://www.100people.org/statistics_100stats.php?section=statistics
[2021 年 7 月 1 日検索]

＊④⑦は新しいデータに合わせて一部改変しています

3 話し合ってみよう

「貧困」とは？

「貧困とはどのようなものか」「貧困の原因や背景(はいけい)は何か」「貧困をなくすためにどのような方法(ほうほう)があると思うか」「自分に何かできそうなことがあると思うか」について、①②の順で話し合いましょう。

❶ グループで、考えを話し合い、付箋紙(ふせんし)に書いて、大きめの用紙(ようし)に貼りましょう。

❷ クラスで、別のグループの人に用紙を見せながら説明しましょう。

➘ 付箋紙、大きめの紙

Point

考えは付箋紙１枚に１つずつ書こう。単語より短い文で書くと伝わりやすいよ

Point

大きめの紙に貼るときは、似ている考えを集めたりグループに分けたりしてみよう

Point

「使える表現」(p.124) を使って話してみよう

4 書いてみよう

作文のテーマ「貧困とは何か」

「3 話し合ってみよう」を参考(さんこう)に作文を書いてください。

書いたあとに

書いた作文を他の人と読み合い、自分と違う意見、新しい考えを見つけましょう。

➘ 「別冊ポートフォリオ」pp.2-3

Point

ポートフォリオは、自分の作文やワークシートなどをまとめたものだよ

Point

コラム「作文やレジュメを見せ合ってみよう」(p.44) を読んでみて！

5 もっと調べてみよう

世界の統計(とうけい)

「世界の統計」について、あなたの知りたいことを調べて、調べたことを他の人と紹介し合いましょう。

❶ 世界の「総人口(そう)」を調べましょう。

[　　　　　　　　　　] 人

[　　　　　] 年の統計　　出典(しゅってん) [　　　　　　　　　　　　　　　]

❷ 世界の「平均寿命(へいきんじゅみょう)」を調べましょう。最も平均寿命の低い国5カ国と最も平均寿命の高い国5カ国を書き出してください。

	平均寿命の低い国	平均寿命(歳)
1位		
2位		
3位		
4位		
5位		

	平均寿命の高い国	平均寿命(歳)
1位		
2位		
3位		
4位		
5位		

[　　　　　] 年の統計　　出典 [　　　　　　　　　　　　　　　]

①地図で確(たし)かめよう。どのような国が多い？
②原因を考えよう。なぜこの差(さ)が出る？
③あなたの国は？

Point
インターネットで調べるとき、信頼できる情報がのっているサイトから情報を得よう。公的機関や研究機関のサイトがおすすめ

❸ 世界の「乳児死亡率（にゅうじしぼう）」を調べましょう。最も死亡率の高い5カ国と最も死亡率の低い国5カ国を書き出してください。

	乳児死亡率の高い国	乳児死亡率
1位		
2位		
3位		
4位		
5位		

	乳児死亡率の低い国	乳児死亡率
1位		
2位		
3位		
4位		
5位		

[　　　　] 年の統計　　出典 [　　　　　　　　　　]

①地図で確かめよう。どのような国が多い？

②原因を考えよう。なぜこの差が出る？

③あなたの国は？

Point

「平均寿命」と関係があるかな?

絶対的貧困と相対的貧困

「貧困」とは、どのような状態のことなのでしょうか。これは、人によって考えやイメージも違いますし、国や地域によってもさまざまかもしれません。2015年の世界銀行のレポートによると、1日1.90ドル（1ドル＝110円で約210円）未満で暮らしている場合、貧困と呼ぶそうです。1日1.90ドルでは、生きるために必要な食事や服、家などを手に入れることさえできません。このような状態は「絶対的貧困」と呼ばれます。

それに対して、ある社会で「普通」とされる生活をすることが難しいような状態を「相対的貧困」と呼びます。例えば、2016年のユニセフのレポートによれば、日本の子どもの相対的貧困率は、経済協力開発機構（OECD）に入っている41カ国の中で貧困率が高いほうから8番目です。つまり、相対的貧困という点から見れば、日本には貧しい子どもが多くなっているといえるでしょう。たとえ周りの人と変わらない生活をしているように見えても、十分な教育が受けられない、それによって学校や仕事が自由に選べなくなり将来に夢を持てなくなってしまう、ということが起きるのなら、それは本当に豊かな生活とはいえないのではないでしょうか。

「貧困」はお金を持っているかどうか、という経済的な面から考えられることが多いです。しかし、それだけでなく、人とのつながりや心の状態など、広い意味から考えることもあります。さまざまな貧しさ、豊かさについて考えてみましょう。

［参考］

ユニセフ・イノチェンティ研究所著・日本ユニセフ協会訳（2016）「イノチェンティ　レポートカード13　子どもたちのための公平性――先進諸国における子どもたちの幸福度の格差に関する順位表」
https://www.unicef.or.jp/library/pdf/labo_rc13j.pdf ［2021年7月1日検索］

The World Bank
https://www.worldbank.org/en/understanding-poverty ［2021年7月1日検索］

［語彙リスト］

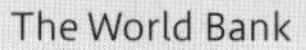

・絶対的貧困	【調べてみよう】
・相対的貧困	【調べてみよう】
・未満	その数よりも小さいこと

ページ	語・表現	読み方	意味
2 考えてみよう			
p.3	栄養	えいよう	生きるための食べ物など
p.3	雨露	あめつゆ	雨や草木についた水
p.3	しのぐ	しのぐ	(雨などを)さける
p.3	文字	もじ	ひらがな、漢字、アルファベットなど
5 もっと調べてみよう			
p.5	統計	とうけい	調査した結果を数字で表したもの
p.5	総人口	そうじんこう	全部の人の数
p.5	出典	しゅってん	その情報のもととなるデータや本など
p.5	平均寿命	へいきんじゅみょう	何歳まで生きるかの平均年数
p.5	確かめる	たしかめる	調べたり、聞いたりして、はっきりさせること
p.5	差	さ	違い
p.6	乳児	にゅうじ	生まれて1年くらいまでの子ども
p.6	死亡率	しぼうりつ	死ぬ確率／パーセント(%)

モノカルチャー経済と貧困

貧困のメカニズムを知る

貧困はどうして起こるのでしょうか。
みなさんは、「モノカルチャー経済」ということばを知っていますか。
このユニットでは、モノカルチャー経済を例として、貧困の原因や背景を学びます。

できるようになったらチェックしよう！

ユニット 2 の目標

4C		
	内容 Content	□ 1. 貧困の要因となる「モノカルチャー経済」を知る。
	言語 Communication	□ 1. 貧困の背景や要因に関することばを知る。 □ 2. モノカルチャー経済に関する資料を読む。 □ 3. 貧困の背景や要因を論理的に説明する。
	思考 Cognition	□ 1. 貧困の要因や背景に関する情報を整理する。 □ 2. 貧困のメカニズムを理解する。
	協学・異文化理解 Community/Culture	□ 1. 他の人の考えを知る。 □ 2. 世界の問題と自分とのつながりに気づく。

1 話してみよう

世界のコーヒー生産

❶ みなさんはコーヒーが好きですか。お気(き)に入(い)りのカフェやコーヒーショップがありますか。

❷ コーヒーの原料(げんりょう)は何ですか。原料の生産国(こく)はどこですか。

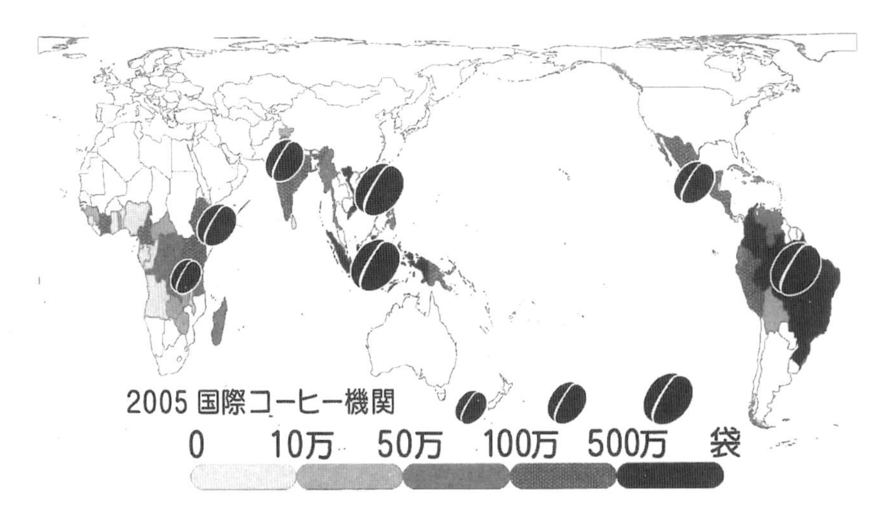

データ：国際コーヒー機関 2005

（日本放送出版協会『NHK 地球データマップ　世界の今から未来を考える』p.27, 2008 年 , NHK 出版）

Keyword

国際(こくさい)
機関(きかん)
袋(ふくろ)

Point

図のコーヒー豆の大きさは、コーヒー生産量を表しているよ。生産量が多い国はどんな地域・場所にある?

❸ あなたがコーヒーショップで支払(しはら)ったコーヒー代は、だれに支払われると思いますか。例えば、330 円のコーヒー 1 杯を飲んだとき、お金はだれに、いくら支払われるでしょうか。

Keyword

カフェ

小売業者(こうりぎょうしゃ)

輸入業者(ゆにゅうぎょうしゃ)

輸出業者(ゆしゅつぎょうしゃ)

農家(のうか)

コーヒー 1 杯 330 円	
カフェ　小売業者・輸入業者	円
輸出業者・貿易会社	円
コーヒー農家	円

（「おいしいコーヒーの真実」http://www.uplink.co.jp/oishiicoffee/about_04.php をもとに作成）［2021 年 7 月 1 日検索］

円グラフにしてみよう

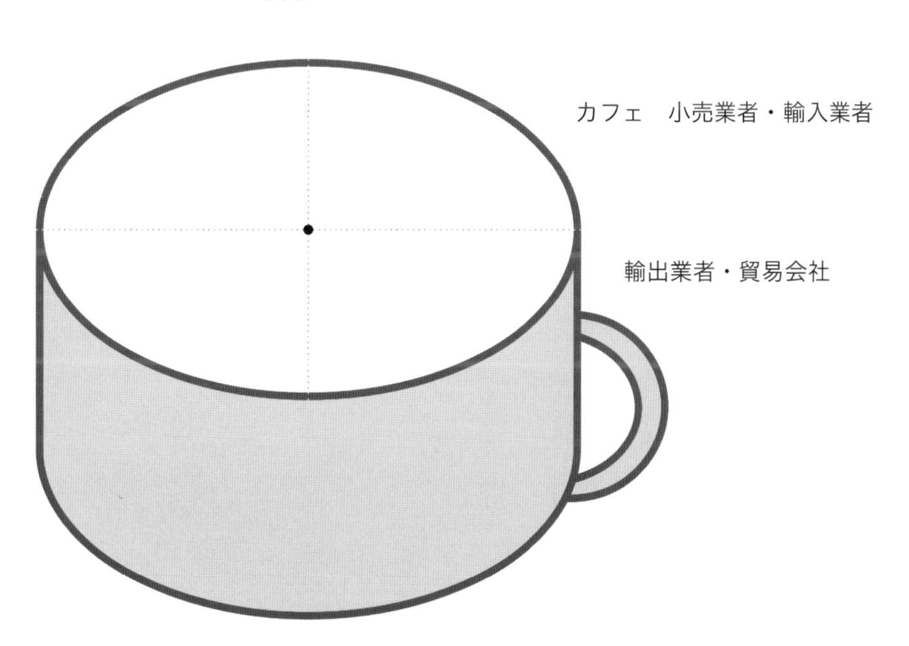

2 読んでみよう

「モノカルチャー経済」とは？

文章を読んで、次のページの質問に答えてください。

「モノカルチャー経済が貧困を生んだ」

食料不足は干ばつなどさまざまな原因で起きるが、根本的な問題は「自分たちで食べものを作れず、買うお金もない」人たちがたくさんいること。その背景には途上国の貧困を生み出す「モノカルチャー経済」というしくみがある。たとえばアフリカの国々では、昔は飢えている人がほとんどいなかった。自分たちの村で食べる分くらいの農作物は作ることができたのだ。しかし、これらの地域はヨーロッパ諸国の植民地にされ、自給作物のかわりにコーヒーやカカオなど輸出用作物を大量に栽培させられたり、鉱物資源を生産させられたりした。これがモノカルチャー経済だ。独立後も途上国はさらにモノカルチャー経済に頼るようになった。人々は自分たちの食べものをつくるのではなく、コーヒーなどをつくって先進国に輸出し、その収入で輸入食料品を買うようになっていった。

たとえばコーヒーの生産国を見ると、かつて植民地だった熱帯の途上国がほとんどだ。（中略）コーヒーなど輸出農産物や鉱物資源の値段は安いため、これらの国はいつまでたっても豊かになれなかった。そして農村で生活に困った人たちは、しかたなく都会に出てスラムに住み着いたりすることになった。

（日本放送出版協会『NHK 地球データマップ　世界の今から未来を考える』p.27，2008 年，NHK 出版）

Point

「モノカルチャー経済」って何だろう？

Keyword

- 干ばつ（かん）
- 先進国（せんしんこく）
- 途上国（とじょうこく）
- 飢える（う）
- 自給（じきゅう）
- 輸出（ゆしゅつ）
- 輸入（ゆにゅう）
- 栽培（さいばい）
- スラム

❶ 昔、アフリカでは、食料不足が起こっていましたか。

❷ 昔、アフリカの人たちは、どうやって食料を手に入れていましたか。

❸ 今はどのようなものを作っていますか。どうして、それを作っていますか。

❹ 今はどうやって食料を手に入れていますか。

❺ 途上国の農村の人たちが生活に困るようになったのは、どうしてですか。

Point

「モノカルチャー経済」と貧困はつながってる?

3 説明してみよう

「ポレポレ村」で起こった出来事(できごと)

下のマンガを見て、「ポレポレ村」で起こった出来事についてのストーリーを考えてください。グループのメンバーに説明してください。

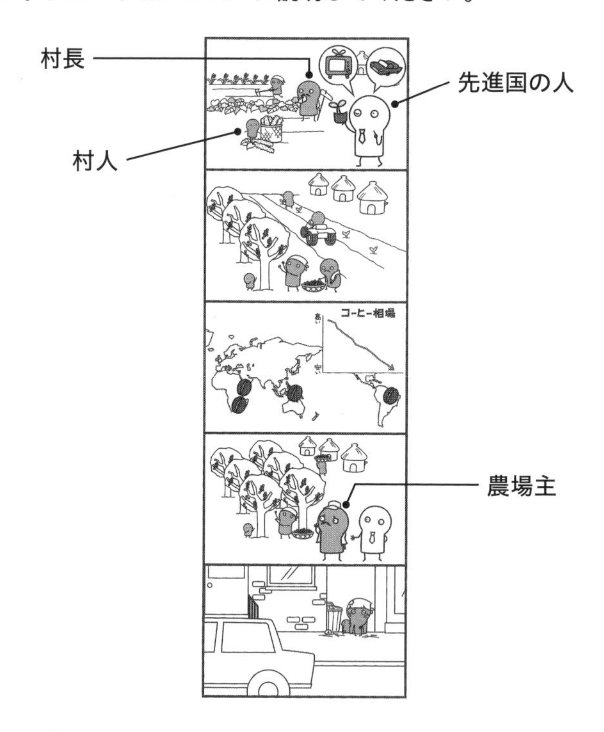

(日本放送出版協会『NHK 地球データマップ　世界の今から未来を考える』p.28, 2008 年, NHK 出版)

書いてみよう

作文のテーマ「ポレポレ村で起こった出来事」

「説明してみよう」で話した「モノカルチャー経済」について、マンガのストーリーを書いてみましょう。

Point

p.125「使える表現」を使って話してみよう

Keyword

農村(のうそん)
都会(とかい)
栽培する(さいばい)
相場(そうば)
下がる
暴落する(ぼうらく)
スラム
村長(そんちょう)
村人(むらびと)
農場主(のうじょうぬし)

→「別冊ポートフォリオ」p.4

Point

登場人物の名前や役割を考えて、ストーリーを工夫してみよう

5 話し合ってみよう

「モノカルチャー経済」の問題点

「モノカルチャー経済」の問題点はどこにあると思いますか。グループやクラスで話し合ってみましょう。

Keyword
特定の(とくてい)
作物(さくもつ)
依存(いぞん)
経済(けいざい)

6 もっと調べてみよう

「モノカルチャー経済」について

❶ 次の①～③について調べてください。わかったこと、考えたことをクラスで発表(はっぴょう)しましょう。

① あなたの身近(みぢか)にあるもので、他の国から輸入されているものがありますか。その商品(しょうひん)はどこで、どのように作られていますか。調べてみましょう。

② 世界では、どのような国がモノカルチャー経済に陥(おちい)っていますか。その国では、どのような問題が起こっているでしょうか。

③ モノカルチャー経済から抜(ぬ)け出(だ)した国について、どのように抜け出したのか調べてみましょう。

Point
「モノカルチャー経済」は私たちの生活と関係があるのかな？

❷ 「モノカルチャー経済」に関する動画(どうが)を見てみましょう。感想(かんそう)を話しましょう。

○ 『世界がもし 100 人の村だったら ディレクターズエディション』
Disk2 ［ガーナ］
（フジテレビ、2009 年、ポニーキャニオン）

○ 『おいしいコーヒーの真実(しんじつ)』
（マーク・フランシス、ニック・フランシス監督(かんとく)、2008 年、アップリンク）

Point
動画を見てどう感じたか、「感情語」（p.130）を使って、ことばにしてみよう

column

コラム

メールで添付資料を送ってみよう

みなさんは友達に連絡するとき、SNS を利用することが多いと思いますが、先生と授業内容の連絡などをするときには、メールも使います。作文などを先生に送ってチェックしてもらうことがあるかもしれませんね。そこで、一度メールの書き方を見ておきましょう。

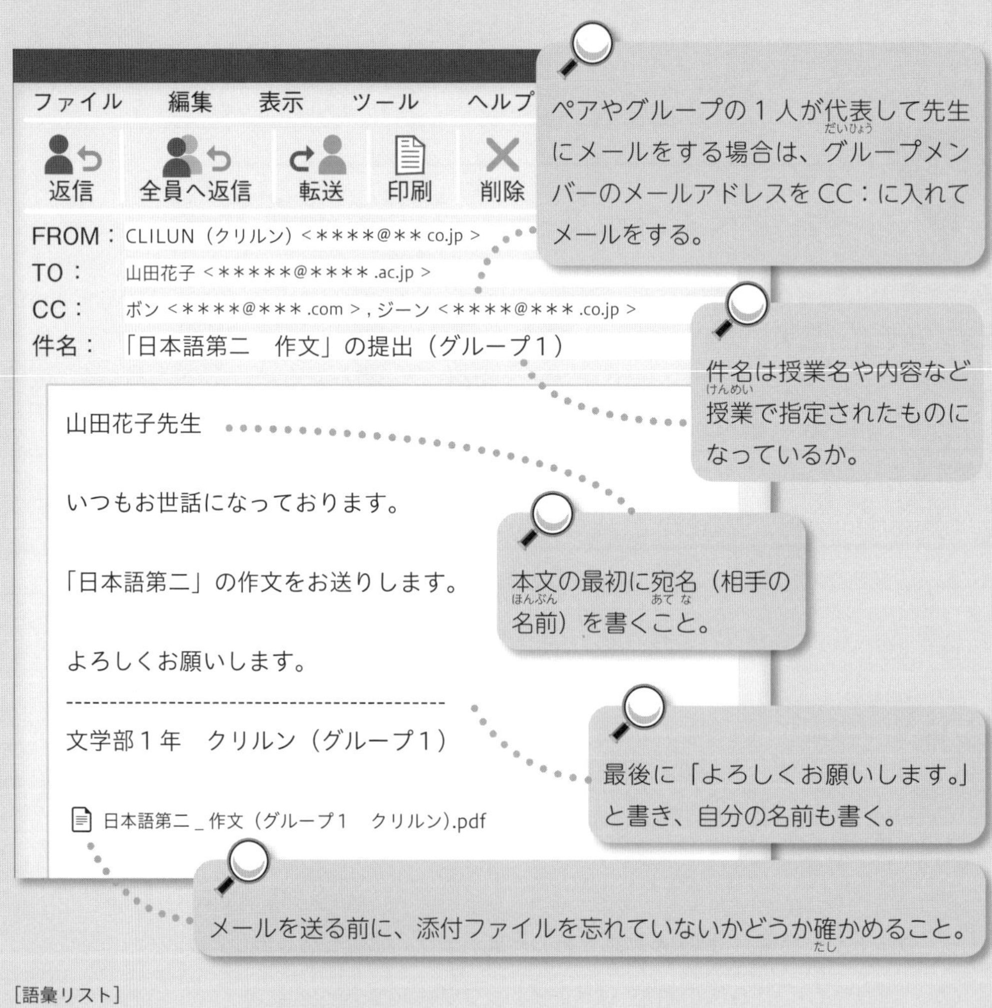

［語彙リスト］

・件名	メールの題、タイトル
・提出	宿題などを先生に出すこと
・本文	メールに書かれた文章／メールに書かれていること
・宛名	メールをもらう人の名前
・添付ファイル	メールと一緒に送るデータや文章

ページ	語・表現	読み方	意味
1 話してみよう			
p.10	カフェ	カフェ	コーヒーやお茶などを飲む店
p.11	小売業者	こうりぎょうしゃ	物を売る店や会社
p.11	輸入業者	ゆにゅうぎょうしゃ	外国の物を買う会社
p.11	輸出業者	ゆしゅつぎょうしゃ	外国に物を売る会社
p.11	農家	のうか	畑や田で野菜や米などを作る人
2 読んでみよう			
p.12	モノカルチャー経済	モノカルチャーけいざい	【調べてみよう】
p.12	食料不足	しょくりょうぶそく	食べ物が足りないこと
p.12	干ばつ	かんばつ	畑や田に雨が降らないこと／水が足りないこと
p.12	根本的な	こんぽんてきな	基本的な
p.12	背景	はいけい	物事のうしろにある事情
p.12	途上国	とじょうこく	【調べてみよう】
p.12	貧困	ひんこん	貧しいこと
p.12	生み出す	うみだす	新しいものや、今までなかったものを作る
p.12	しくみ	しくみ	どうしてそれが起きたのかというメカニズム
p.12	飢える	うえる	食べ物がなくて苦しむ
p.12	農作物	のうさくもつ	畑や田で作る野菜や米など
p.12	地域	ちいき	【調べてみよう】
p.12	諸国	しょこく	いろいろな国
p.12	植民地	しょくみんち	【調べてみよう】
p.12	自給作物	じきゅうさくもつ	自分たちで作る食べ物
p.12	大量	たいりょう	たくさん
p.12	栽培する	さいばいする	野菜や米や果物を作る
p.12	鉱物資源	こうぶつしげん	土の中からとれるダイヤモンド、金、鉄など
p.12	独立	どくりつ	自分の国の力で政治ができること
p.12	頼る	たよる	助けを求めてお願いする
p.12	先進国	せんしんこく	【調べてみよう】
p.12	収入	しゅうにゅう	お金を得ること
p.12	食料品	しょくりょうひん	食べ物
p.12	熱帯	ねったい	一年中とても暑い地域
p.12	豊か	ゆたか	物やお金がたくさんあること
p.12	農村	のうそん	農業をしている村
p.12	都会	とかい	多くの人が住み、店や交通機関が発展している町
p.12	スラム	スラム	貧しい人たちが住んでいる地域
p.12	住み着く	すみつく	あるところに住み続ける
3 説明してみよう			
p.14	村長	そんちょう	村のリーダー
p.14	村人	むらびと	村に住んでいる人々
p.14	農場主	のうじょうぬし	大きい畑を持っている人

シエラレオネ

情報を集め、人に伝える

世界でも平均寿命が短い国といわれているシエラレオネについて知りましょう。
グループでシエラレオネの資料を集め、ポスター発表をします。
さまざまな資料を探し、正しく引用し、集めた情報を人に伝える方法を学びます。

できるようになったら
チェックしよう！

4C		
	内容 Content	□ 1. シエラレオネの現状を知る。
	言語 Communication	□ 1. シエラレオネについて調べる。 □ 2. 調べたことをまとめて、わかりやすいポスターを作る。 □ 3. ポスターを使って相手の理解を確認しながら説明する。 □ 4. 他の人の発表を聞いて、疑問点やもっとくわしく知りたいことを質問する。
	思考 Cognition	□ 1. シエラレオネに関する情報を整理する。 □ 2. 自分と他の人の情報の集め方や発表方法を比べる。
	協学・異文化理解 Community/Culture	□ 1. ポスターを協力して作る。 □ 2. 異なる環境に住む人々について関心を持つ。

1 話してみよう

資料の集め方・引用のしかた

❶ みなさんは、何かについて調べるとき、どのような資料を集めますか。資料の種類(しゅるい)とメリット・デメリットについて話し合ってみましょう。

❷ みなさんは、どのような方法で資料を集めますか。シエラレオネについて資料を集めるとき、具体的(ぐたいてき)にどう行動(こうどう)するか、話してみましょう。

❸ 本やインターネットの記事(きじ)に書いてあることを引用するとき、どのように書きますか。文の中で引用するとき、引用文献(ぶんけん)リストを作るときの書き方について、知っていることを話しましょう。

2 資料を集めてみよう

平均寿命が短い国、シエラレオネ

シエラレオネに関する資料を集めて、わかったことをまとめましょう。他のグループが「知らなかった！」とおどろくような情報を探してみましょう。

Point

シエラレオネはどこにあって、どんな国なんだろう？

3 ポスターを作ってみよう

発表テーマ「シエラレオネ」

Point

ポスター発表って、どんな方法だろう？

❶ いいポスターとはどのようなものか、いいポスター発表とはどのような発表か、グループで話し合ってみましょう。

❷ 集めた資料を整理して、ポスターを作りましょう。ポスターのサイズはいろいろありますが、手書きなら模造紙（788mm×1091mm)、プレゼンテーションツールを使用するならA0判（840mm×1190mm）を使いましょう。A4用紙6枚～8枚で作成し、並べて貼ってもよいでしょう。

<ポスターの作り方>

① 集めた情報を内容によって分け、それぞれの内容を紙にまとめましょう。

② 見る人に一番伝えたい情報を選びましょう。

③ たくさんの人が読みたくなるようなタイトルを付けて、発表者の氏名を書きましょう。

④ 見る人が見やすいように、情報の並べ方を工夫しましょう。①をポスターの上に置いてみましょう。

⑤ 写真やイラスト、字の大きさを工夫して、たくさんの人が見たくなるようなデザイン、読みやすいデザインにしましょう。

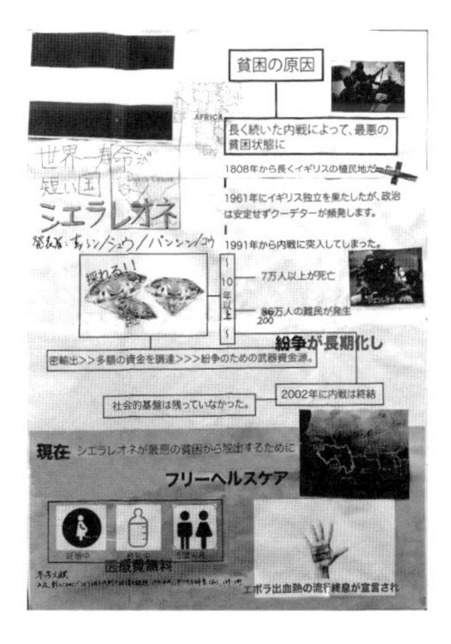

Point

だれがどんな作業をするか、メンバーと話して役割分担を決めよう。作業する時間がどのくらいあるか確認しよう！

4 ポスター発表をしてみよう

ポスター発表のまえに・発表のあとに

発表のまえに

❶ ポスター発表をするまえに、どのような質問をされるか予想(よそう)して、答えを用意しておきましょう。もし、質問に答えられなかったら、わからないことを伝え、必ずあとで調べてみましょう。

発表のあとに

❷ ポスター発表を聞いて、疑問に思ったことを発表者に質問してみましょう。

5 話し合ってみよう

シエラレオネについて考えたこと・感じたこと

ポスター発表を聞いて、シエラレオネについて、考えたことや感じたことについて、グループで話し合ってみましょう。

→「DL ポートフォリオ」

Point
p.126「使える表現」を使って発表や質問をしてみよう

Point
「ここをもう一度説明してください」ときいたり、発表者の考えについて質問するのもおもしろいよ。コラム「質問は難しい?」(p.27)を読んでみて!

→「別冊ポートフォリオ」p.5

→ 巻末付録:「感情語」p.130

もっと調べてみよう

→「DL ポートフォリオ」

「シエラレオネ」や「貧困」に関する動画を見る

❶ シエラレオネや貧困に関する動画を探してみましょう。それを見て、より深く理解しましょう。

Point

動画を見てどう感じたか、「感情語」（p.130）を使って、ことばにしてみよう

❷ 動画を見たときのあなたの気持ちや考えについて話しましょう。

Point

動画が手に入らない人は pp.24-26 の資料を読んでみよう。動画①をもとに書かれたものだよ

<動画リスト>

① 『世界がもし 100 人の村だったら　ディレクターズエディション』Disk2［シエラレオネ］
（フジテレビ、2009 年、ポニーキャニオン）

② 『ようこそボクらの学校へ』DVD + BOOK
（後藤健二、2003 年、NHK 出版）

③ 『Voices from the mine: Artisanal diamonds and resource governance in Sierra Leone』
（University of Bath、2018 年）
＊イギリスのバース大学による手堀りダイヤモンドの実態についてのドキュメンタリー映画。英語のみ。

お兄ちゃんがしゃべったよ！
―シエラレオネの少年アラジ―

「シエラレオネ」という国を知っていますか。私の周りの人に聞いてみると、まず知らないという人が多いです。アフリカ大陸の西のでっぱりの部分にある、海に面した小さな国です。昔は奴隷貿易が行われていました。また品質の高いダイヤモンドがとれることでも有名です。実は、この国は、世界で最も命が短い国として知られています。2020 年の WHO の統計によると、日本人の平均寿命が 84.2 歳であるのに対して、シエラレオネは 53.1 歳です。生まれた子どもの５人に一人が５歳になるまでに亡くなります。これはダイヤモンドの利権の争いで、2002 年から 10 年にわたった政府軍と反政府軍による内戦が原因で、インフラが整備されていないことが原因とされています。今も国民の７割が貧困状態にあり、安全な水・トイレすら整っていません。

そんなシエラレオネに、８才のアラジという男の子がいます。アラジは 11 歳のお兄さんサヨンと６才の弟、そして、足の悪いおばあさんと住んでいます。アラジは５歳のときに両親を反政府軍に目の前で殺されました。父は銃殺され、その返り血を浴びた息子たちは、自分が撃たれたと思って「撃たれた！」と叫びました。母は「大丈夫､あなた達は撃たれていない。これはお父さんの血よ。」と言って息子たちを落ち着かせようとしたそうです。その母も首を切られて亡くなりました。お兄さんのサヨンは、森の中を１カ月一人で逃げ続け、声を出して見つかれば殺されるという恐怖から、口がきけなくなってしまいました。内戦当時、幼かった弟たちと違い、物心がついていたサヨンは、心に深い傷を負い、精神が不安定なままです。

家族を支えるのは８才のアラジです。毎日、毎日、ダイヤモンド鉱山に行っては手で泥をかきだし、腰をかがめて、泥だらけになって探しています。

これは大変な重労働ですが、サヨンはその横で遊んでいるだけで戦力にはなりません。おばあさんは、なんとか一粒でもダイヤモンドが見つかりますように、と毎日祈りますが、その鉱山は大人たちが掘りつくした後なので、簡単に見つかるはずがありません。ダイヤモンドがみつからず、食料が買えないアラジたちは水をくみにいきました。

水をくむ場所は小学校の近くにあります。両親がいる家庭の子は小学校に通えます。アラジは本当は勉強して、お金を稼げるようになって、お兄ちゃんを聾(ろう)学校にいれたいと思っています。そして苦労して自分たちを育ててくれているおばあさんに楽をさせてあげたいと思っています。お兄ちゃんにアラジは話しかけます。

「1＋1は何？サヨン、話してよ、サヨン」

サヨンは遠くを見るばかりです。その夜は、兄弟たちはそのくんできた水を分け合って飲んで寝るしかありませんでした。

しかし、次の日もダイヤモンドは見つかりませんでした。アラジたちはもう2日間も何も食べていませんでした。そこで、夕方にアラジは、サヨンと弟をつれて山へ行くことにしました。わずかな鉄くずを拾い、落ちている木の枝を束ねて蒔まきをつくりました。

アラジはサヨンに木の枝の集め方を教えます。昔は色々教えてくれたお兄さんですが、今はアラジが教えなければなりません。急に泣き出すサヨンに、アラジはまた一生懸命話しかけます。

「サヨン泣かないで。何か言ってよ、サヨン」

なんとか今日は鉄くずと蒔を売り、そのお金で、豆を買うことができました。その豆を使って、おばあさんはできるだけ量が増えるように水を足して料理してくれました。そうして、兄弟はやっとご

飯を食べることができました。

アラジはまたサヨンに話しかけます。

「サヨン、お母さんはどこ？ねえ、お母さんはどこ？」

いつもと違い、サヨンが何か言いたそうにしています。手を首の前にあて、首を切るジェスチャーをしました。

「しーんだ」

もういちど、手を首の前で横に引き「しーんだ」と、のどの奥から声を発しました。アラジは喜び、大きな声で叫びました。

「お兄ちゃんがしゃべったよ！しんだって言ったんだ！！」

［参考資料］

・MEMORVA ウェブサイト「世界の平均寿命ランキング 」（2021.1.28 確認）
https://memorva.jp/ranking/unfpa/who_whs_life_expectancy.php

・フジテレビ『世界がもし 100 人の村だったら ディレクターズエディション【DVD】』

(All pictures are drawn by Hinako Fujimura)

（奥野由紀子「たどくのひろば　現代社会再考」より）

「たどくのひろば」ウェブサイト
https://tadoku.info/stories/gendaishakai/
［2021 年 7 月 1 日検索］

ウェブサイトには
ふりがなのついた
バージョンもあるよ

質問は難しい？

みなさんは質問が得意ですか。「知らないのは自分だけかもしれない。こんなことを質問したら恥ずかしい」と思って、質問をやめてしまうことはありませんか。「他のことを考えていたら、どこがわからないかもわからなくて、質問できない」ということも、よくありますよね。でも、ディスカッションは質問することから始まります。だれも質問しなければ、発表者は何も学べないと言ってもいいでしょう。発表者がポスターの横に立っているのは、ポスターを見た人からの質問に答え、意見を交換したいからです。

質問は発表者のためだけでなく、自分のためにもなります。「１つでもいいから質問したい！」と思えばしっかりと聞くことができます。さらに、「なぜ発表者はこう考えるんだろう。私の考えとどこが違うんだろう」と考えることで、批判的に考える力がつきます。

そして、忘れてはならないのは、質問は発表を聞いたすべての人のためでもある、ということです。同じようなことを考えていた人からは、「よく質問してくれた！」と思われるかもしれません。だから、発表を聞いている人みんなに聞こえるような声の大きさで、質問するといいでしょう。

質問をするには、他の人の前で声を出さないといけないし、つまらない質問かもしれないと心配になることもあるかもしれません。まずは、１回の授業で１回だけでも質問する練習をしてみましょう。例えば、「ここをもう一度説明してください」「一番おどろいたことは何ですか」と質問するのもいいですね。１つ質問をすることで、発表者やその場にいた人と知り合うことができ、発表が終わったあともディスカッションできる人を見つけることができるかもしれません。同じ興味を持つ人、同じテーマについてがんばって調べた人とのやりとりを楽しむために、勇気を出して質問をしてみませんか。

[語彙リスト]

・得意	上手なこと／何かに自信を持っていること
・ディスカッション	話し合うこと／自分の意見を言ったり他の人の意見を聞いたりすること
・ポスター	発表のとき他の人に見せる大きな紙(絵、写真、字などが書かれている)
・批判的に考える力	すぐに信じないで、いろいろな情報をもとに、自分で考えて決める力
・やりとり	他の人とコミュニケーションすること

世界で一番 いのちの短い国（1）

国際協力の活動について知る

山本敏晴さんがシエラレオネで行った医療援助についての読み物を読んで、国際協力について考えましょう。
このユニットでは、少し長い文章を読んでレジュメ（発表資料）を作り、他の人に紹介する活動をします。

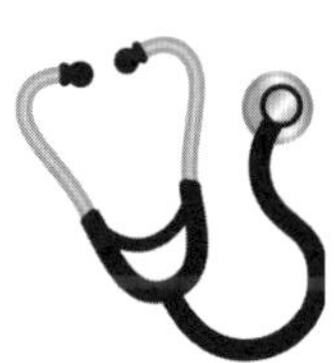

できるようになったら
チェックしよう！

ユニット 4 の目標

4C		
内容 Content	□ 1. 国際協力の現場やしくみについて知る。
言語 Communication	□ 1. 国際協力に関する読み物を読む。 □ 2. 読んだ内容をもとにポイントがわかりやすいレジュメを作る。 □ 3. レジュメを使って読み物の内容や自分の考えを簡潔に説明する。
思考 Cognition	□ 1. 読み物を読んで重要な情報を取り出して、まとめる。 □ 2. 自分と他の人のレジュメの内容や構成を比べる。 □ 3. よいレジュメの作り方を理解する。
協学・異文化理解 Community/Culture	□ 1. レジュメを協力して作る。 □ 2. 国際協力の活動に興味を持つ。

1 話してみよう

「国際協力」とは？

❶「国際協力」とはどのようなことをすることだと思いますか。

❷「国境なき医師団」を知っていますか。どのような場所で、どのような人が、どのような活動をしていると思いますか。次の文章を読んでみましょう。

はじめに　シエラレオネ共和国って知ってる？

みなさんは、西アフリカにある「シエラレオネ共和国」をご存知だろうか？

私の周りの友人たちに、たずねてみたところ、だれ一人として知らなかった。おおよそ、次のような国である。

アフリカには50以上の国々があるが、シエラレオネとは、アフリカ大陸の西のでっぱりの部分にある、小さい国である。海に面していて、昔、奴隷貿易がおこなわれていた。面積は北海道ほどで、人口もそれと同じぐらいの600万人。

そして、この国の人々の健康状態は、世界一悪いことで知られている。

例えば、平均寿命は34歳（2002年、ユニセフの統計）と世界最短であり、日本人の平均寿命が80歳ぐらいであることと比較すると、半分以下である。

このため、国連のWHO（世界保健機関）や国境なき医師団などの、国際協力にかかわる団体から、常に注目されている存在である。

2001年に、私はこの国に医師として派遣されたのだが、そのときの、奮闘と、涙と笑い（？）の記録を読んでいただきたい。国際協力に興味のある人にとっては、多少なり興味をもっていただける内容なのではないかと思っている。

（山本敏晴『世界で一番いのちの短い国――シエラレオネの国境なき医師団』p.3, 2012年, 小学館文庫）

＊縦書きを横書きにするにあたり、漢数字をアラビア数字にした。

Point

国境なき医師団はMSFとも呼ばれているよ

Keyword

シエラレオネ

奴隷貿易

平均寿命

ユニセフ

WHO／世界保健機関

国境なき医師団（MSF）

派遣

国際協力

Point

今の平均寿命は2002年とは変わっているよ

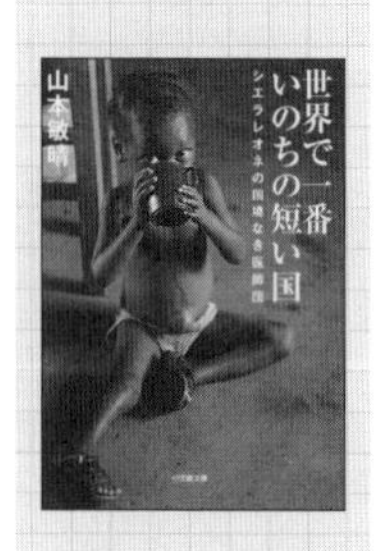

2 読んでみよう

読み物 1、読み物 2：シエラレオネでの支援活動

読み物 1（pp.32-35）か、読み物 2（pp.36-39）のどちらかを分担（ぶんたん）して読んで発表資料（レジュメ）を作りましょう（1 人で／ペアで）。レジュメの作り方は pp.40-42 にあります。

読み物 1、読み物 2 は、山本敏晴さんの書いた『世界で一番いのちの短い国――シエラレオネの国境なき医師団』の第 2 章の一部です。読み物 1 は「国境なき医師団」でトシさんが経験したこと、読み物 2 は「国境なき医師団」とはどのような団体なのかについて書いてあります。

●読み物の中の登場人物（とうじょうじんぶつ）

私（トシ・山本敏晴（やまもととしはる））	主人公（しゅじんこう）、メディカルドクター（医師）、日本人
レイチェル	国境なき医師団のシエラレオネでのボス（ヘッド・オブ・ミッション）、アメリカ人 [読み物1]
メアリー	看護師（かんごし）、アメリカ人 [読み物1]

Keyword

政府軍（せいふぐん）	国・政府の軍
反乱軍（はんらんぐん）	国の中で、国・政府と対立する軍のこと／反政府軍
難民（なんみん）	戦争などで、しかたなく違う国へ逃げた人
国内避難民（こくないひなんみん）	戦争などで、しかたなく国内の違う場所へ逃げた人
国連（こくれん）	「国際連合」のこと【調べてみよう】
非政府組織（ひせいふそしき）	【調べてみよう】
仮設住宅（かせつじゅうたく）	住む家がなくなった人のために一時的に作られた家
診療所（しんりょうじょ）	小さい病院

Point

読んでいない読み物は、他の人たちの発表を聞いて知ろう

Point

少し長い文を読むときは、大切そうだと思ったところに下線を引いたり、わからないところにマークをつけたりしながら、読んでみよう

読み物1

第2章 さまよう心　(1)

団体の方針　中立・平等。だが緊急医療援助のみ（前半）

シエラレオネ共和国は、アフリカ大陸の西にあるが、私が現在活動をしているのは、この国のほぼ中央に位置する「マイル91」という町だ（以前英国領だったころ、首都のフリータウンからの距離が91マイルだったために、この名前がつけられた）。

この国では、1991年ごろから政府軍と反乱軍による内戦が始まったため、この国の人々の多くは住んでいたところから逃げ出し、国外に出たり、国内でも比較的戦禍のおよんでいないところをさまよい続けたりしている。

国際協力の専門用語で恐縮だが、このような人たちのうち、国外に逃げ出した人々を「難民」と呼び、国内でうろうろしている人々のことを「国内避難民」と呼ぶことになっている。そして、このマイル91付近は、国内の中では比較的安全な場所のため、国内避難民が数千人ほど一時的に住みついている。これを受けて、国連やほかの国際協力団体が、彼らに仮設住宅を作ってあげたり、またMSFなどが臨時の診療所を作り、医療活動をしたりしていた。というわけで、私が現在働いているのも、そのうちの一つの診療所である。

現在までのところ、私がおこなっていることは、

①この診療所への薬の供給
②薬の消費量のチェック
③重症患者を見つけたときに大きな町の病院へ転送すること

などだ。来てから1か月の間、こうした仕事をやってきたが、これらを続けることは私がこの国へ呼ばれた本当の理由ではない。首都フリータウンにいる、この国でのMSFのボス、レイチェル（女性、34歳、アメリカ人、非医療従事者でプロジェクトの最高責任者で、役職名はヘッド・オブ・ミッション）は、1か月前、次のように私に依頼した。

「この国にある13の州のうちの1つ、地理的に国の中心のトンコリーリ州に、総合的な医療システムを作ってほしいのよ。つまり、その州の中心の州都マグブラカに入院のできる大きな病院を作り、その周辺に5か所の診療所を作るの。田舎にある診療所をナースのメアリーがまわり、重症患者を見つけたら、あなたのいる州都の病院へ連れてくる。

どう？　すてきなシステムじゃないかしら？」

私はこの依頼を受け、その実現のため、活動を開始した。

この国では、長期化した内戦のため、ほとんどすべての病院の建物は壊されてしまった。また医者や看護師は、どちらも、この国ではかなりの富裕層にあたり、また高学歴で英語をしゃべれるため、ほとんどの人が、内戦が始まると同時に、真っ先に国外に逃亡してしまった。こうして完全に崩壊してしまった医療システムを立て直すためには、レイチェルが言ったように、診療所と病院が連携する一次医療と二次医療のシステムを、最初から作っていかねばならない。今このマイル 91 でやっているような、国内避難民のための一時的な小さい診療所の運営も大切だが、もっと根本的な立て直しが必要だ。

現在私がいるこのマイル 91 の診療所は、配属されたトンコリーリ州の一角（南西）にあり、州都マグブラカに大きな病院を作ったあと、この診療所は地方のための 5 か所の診療所のうちの 1 つになる予定なのだ。

なお、この国、シエラレオネの人口は約 450 万人 (2001 年当時) だが、このトンコリーリ州にはおよそ 35 万人が生活していると推定されている。35 万人をわれわれのチーム数人で面倒みようというのだから、なかなか大変な仕事である（実際は、ほかの国際協力団体も、いろいろ入ってきている）。

また、MSF としては、この国の 13 の州に、それぞれ 5 人ぐらいずつ派遣しており、この国全体で 50 人を超えるメンバーが活動している。予算もかなりの額があてられていた。

さて、MSF の、この国全体における運営システムについても述べる。

首都のフリータウンには、シエラレオネにいる全チームの統括をするためのコーディネーター・チーム（運営チーム）が存在する。そのメンバーは、レイチェルのやっているヘッド・オブ・ミッション（この国の全計画の最高責任者）、メディカル・コーディネーター（医療計画の責任者）、ロジスティカル・コーディネーター（物資調達運搬の責任者）、ファイナンシャル・コーディネーター（財務の責任者）の 4 人である。4 人中 3 人は、医療関係者ではない。だからもし、この本を読んでいる「あなた」が、医療従事者でない人であっても、国際医療協力にかかわれることがわかるはずだ。しかも、場合によっては幹部としてである。

さらに、シエラレオネを離れると、ヨーロッパには、MSF の本部が存在する。一口に

MSF といっても、独立した 5 つの団体から成り立っていて、財源が異なり、また運営されるミッション（各国でのプロジェクト）も、独自に企画される。

この 5 つの団体とは、フランス、オランダ、ベルギー、スイス、スペインにある、それぞれの独立した、MSF である。MSF フランス、MSF オランダ、などというふうに、独立した組織から成り立っている。これらの団体は、それぞれが、やや異なる運営理念のもと、活動をおこなっている。だから、外部の人から見ると、「同じ MSF なのに、なにが違うの？」という感じで、非常にわかりにくい。

こうした状況の中、MSF 日本は、歴史的に MSF フランスの「ぶらさがり」であり、独自にプロジジェクトを企画・運営する能力をもたず（2001 年当時）、日本人や日本企業から募金された大量のお金をフランス本部に送り、ついでに、少しの派遣要員（医師、看護師など）を提供する役目を担っている。つまり、はっきりいうと、日本は政府だけでなく、この NGO（Non-Governmental Organizations：非政府組織）の世界でも、お金ばっかり出して、人はあまり出さない……といわれてもしかたのない状況にあるのだ。もちろん、こうした状況に満足せず、MSF 日本を、ミッションの運営できるような、活動的な組織に生まれ変わらせようという動きもある。2002 年ごろから MSF フランスのミッション運営部の 1 つが日本に招聘されたそのノウハウを教える手はずになっているようだ。

MSF の見解ではなく、まったく私の個人的な意見だが、MSF の発展には 3 つの段階が必要だと思っている。

最初、紛争地帯で活動をおこなうため、どちらの勢力からも攻撃を受けないように、政治的な中立性を重視する「赤十字」という団体がまず生まれた。だがその中立性をぶち壊してでも、世界の問題の啓発（ジャーナリズム）をおこなうべきだとして、赤十字から分離・独立したフランス人などが、「MSF」という団体を作った。そして、フランスとその周辺国だけでやっていた時代があった。

次は、MSF オランダが設立され、英語圏に一気に広がっていった（ちなみに私も MSF オランダに参加している。私はフランス語がしゃべれないからだ）。

3 番目は、だいぶ未来のことになるが、10 ～ 20 年後には、MSF はアジア・アフリカに主導権を移す組織になるべきだと思う。

誤解されることをおそれずに書いてしまうと、やはり欧米の白人だけの組織では、どうしても独善的な考え方におちいってしまい、国際協力、人道主義とはいいがたい方針になりやすい。どういうことかというと、残念ながら、欧米の白人は、自分たちのスタイルの資本主義、民主主義、西洋医学などが絶対的に正しく、それらを開発途上国に押しつけていくのが正しいことだと思っている傾向がある（私はそれを毎日体験している）。

難しいことを承知で理想をいえば、白人、黄色人種、黒人が、3分の1ずついる組織を作り、十分に意見を交換し合いながら、MSFの運営方針を決めていくべきだと思う（現在のMSFは、まったくそうなっていない。またこの理念は、もちろん、MSFに限った話ではなく、国連をはじめとするすべての国際協力団体に共通する問題だと思う）。

だからまず、ヨーロッパの5か国だけでなく、とりあえずアジアでは、日本、韓国、タイなど、アフリカでは、ケニア、南アフリカなど、優秀な（あるいは比較的ましな）大学がある国々の人々が中心となって、国連やMSFなどの世界的に有名な国際協力団体に、どんどん参加していってほしいと祈る次第である。

（山本敏晴『世界で一番いのちの短い国――シエラレオネの国境なき医師団』pp.64-72, 2012年, 小学館文庫）

＊縦書きを横書きにするにあたり、漢数字をアラビア数字にした。

読み物2

第2章 さまよう心 (1)

団体の方針　中立・平等。だが緊急医療援助のみ（後半）

さて次に、MSF という組織の運営理念について説明しておく。私が参加している間に理解した範囲では、根本理念は、主に次の 5 つである。

① 国家、宗教、人種、民族、性別などの違いに関係なく援助をおこなう。
② できるだけ政治的に中立を保つ。
③ 医療サービスのみを提供する（主に急性疾患をターゲットとする）。
④ 基本的に、緊急時（紛争中や自然災害の直後）のみに活動し、急性疾患（肺炎、下痢、マラリアなど）だけを診療する。
⑤ できるだけ貧しく弱い人のそばで悲惨な状況を目撃し、国際社会に訴える。

ではそれぞれについて、具体的に述べていこう。

①の「国家、宗教、人種、民族などの違いに関係なく援助する」というのは、国際協力では当たり前のことで、MSF に限らず、どこの団体でも同じようなことをいっている。だから、とりたてて特筆すべきことではない。

②の「政治的に中立を保つ」というのは、NGO だからできることである。どういうことかというと、ある国で内戦が起こった場合、政府軍が正しいのか、反乱軍が正しいのか、わからないことが多い。こんなとき、その国の政府と日本政府に外交関係がある場合、日本政府の国際協力団体だと、原則的に途上国政府側の支配地域でしか活動できない（例外あり）。だが政府と関係ない NGO であれば、話し合い次第で、反乱軍側にいる貧しい人も援助することができる。また、MSF の場合はさらに、国連などとも共同の活動をなるべくおこなわない方針をとっている。国連は、基本的に政府（時にアメリカ）寄りであることが多く、反乱軍と敵対していることがあるため（逆の場合もあるが、いずれにしても）、国連といっしょにいると、政治的中立を保てないからだ。このため、物資の運搬、スタッフの移動など、国連に頼むと非常に楽な仕事も、原則として MSF は自分たちだけですべてこなしている。

③の「医療サービスのみを提供する」というのが、MSF の最大の特徴である。MSF は

世界でも屈指の巨大なNGOであり、予算も膨大にある。普通これだけ大きいと、食料の配布、難民キャンプの建設など、いろいろなことに手を出しやすい。すると良くも悪くも、どれも中途半端になり、なにをやっている団体なのか、はっきりしなくなる。そんななか、MSFは医療サービスのみを提供し、ほかのことは一切しないことによって、団体の独自性を打ち出している。そこが、素晴らしいと評価される場合もあるが、一方で批判も多い。本当に困っている状態では、医療どころではなく、まず、水と食べ物の配布を優先すべきケースも、多々あるからである（私は個人的に、世界の多数の国に行ったことがあるが、難民などの人々から、「薬はいらないから、食べ物と水をくれ」と言われたことが何度もある。極論をするならば、水と食料がなければ、人間は100パーセント死亡するが、医療はやらなくても、食事さえとっていれば50パーセントぐらいの確率で、病気は勝手に治る可能性があるからである)。

④の「緊急時のみに活動し、急性疾患だけを診療する」というのは、主に、「費用対効果」のためである。要するに、肺炎の子どもを治すには、数百円の抗生物質で（しかも1週間で）治せるが、慢性疾患のエイズや、腎不全の透析などに手を出した場合、1人当たり年間数万円から数十万円ぐらいのお金がかかり、しかもそれが、数十年も続いてしまう。どちらも、同じ1人の人を救うために必要な金額である。このため、予算を有効に使うには（ある決められた予算で、より多くの人間を救うには)、急性期に、急性疾患の患者のみを対象とする、という方針のほうが効率的なのだ（ただし、最近MSFは理念を変え、エイズの治療もおこなうことになった。エイズの問題は世界的に有名になったため、募金者や内部スタッフから、この方針に対する批判が出たためだと思われる)。

⑤の「悲惨な状況を目撃し、国際社会に訴える」ことは、当たり前のようだが、実は問題が多く、おいそれとやってはいけないことになっている。例えば、現地で地雷を踏んで足をなくした人の状況を報告したりすると、それは間接的に地雷をしかけた反乱軍（または政府軍）を批判することになり、その軍事勢力と敵対することになる。政治的に中立ではなくなり、もう反乱軍の支配領域に入っていけなくなり、反乱軍領域にいる患者たちに医療を提供することができなくなるのである。よって、こうした国際社会へ訴えることは、現場のボスや、首都にいるヘッド・オブ・ミッションや、さらにはヨーロッパにあるMSF本部との綿密な話し合いのあとになされるべきこととなっている。悪い組織を批判するだけでは、国際協力はやっていけないのである（また、どちらが悪いのか、人によっ

て見方が異なることも多い)。

以上のように、MSF には、こうした 5 つの理念があるが、それぞれが、大きな問題をはらんでおり、同じ MSF に所属している人でも、一人一人、考え方が違っているのである。このため、「自分には合わない」と思った人は、当然、MSF を辞めていくわけであり、そうしたケースも多く、また、組織が分裂することもある。

もともと MSF は、赤十字という組織の中で、赤十字の考え（政治的な中立性を常に重視すること）に合わなかった人々が、分裂して作った（時には中立性を失ってでも啓発活動をする）組織である。ところが、そうしてできあがった MSF の中でも、団体が巨大化していくにつれて、やはり考え方の合わない人が生まれてきて、例えば、ジャーナリズムのやりすぎや宣伝のしすぎなどが癇にさわった人々が、「世界の医療団（Médecins du Monde: MDM)」として分離・独立していった。このように、MSF に限らず、一般に NGO というものは、国家による管理がなく、一人一人によって異なる、曖昧な「人道的理念（？)」だけで動いているため、考え方が合わないと、すぐ分裂したり、辞めたりしていくのである（かく言う私も、数年後、MSF を辞めて、自分の組織を創設している)。

最後に、私が国際協力活動を始めた経緯を述べさせていただく。

小学 6 年生、12 歳のとき、私は父に連れられアフリカに行った。そして田舎にある集落を訪れたのだが、当時の私にとっては、なかなかすさまじい光景が展開された。

それは……蝿（ハエ）だった。ハエ。ところかまわず蝿がとまっており、目の前を舞っていた。特に印象に残っているのは、スイカの全面に蝿がとまっており、赤い部分がほとんど見えなくなっていたことだ。しかもその、「黒いスイカ」に対し、平気でバクついて食べている現地の人たちの様子が、私にとってはすさまじかった。さらには、彼らの顔にも体にも、いたるところに蝿がとまっており、鼻の穴や口の穴を出たり入ったりしているのに、それらを追い払おうともせず、ニコニコ笑いながら平然と私に話しかけてきたのを覚えている。当時の私はわりと潔癖症の子どもであり、このような状況を見ると思わず引いてしまって、彼らの中に入っていくことができなかった。しかし、日本に帰国したあとも、それらの光景は忘れられず、なんとなく「国際協力」という単語を見るたび、心に引っかかるものがあったのを覚えている。

24 歳で医師免許を取得したあと、国際協力の道にそのまま進む道もあったが、当時の私には大きな迷いがあつた。

「国際協力とは、しょせん自己満足ではないのか？」

20 歳代のころの私は、かなりいろいろと悩んでおり、自分の生き方とか、この世界での自己の存在意義などを、ウダウダと考え続けていた。そのなかで、国際協力や世界平和というような単語は、ただの偽善にしか映らず、

「けっ、どうせ自己満足なんだよ。どうせ……」

というような感じで否定していた。だが、一方で自分の夢や生き方について考え続けていくなかで、「やりがいのある仕事をしたい、大きな夢を見つけ、それを一生、追いかけてみたい」という気持ちは強かった。

「国際協力は、たしかに自己満足で、無意味なものに終わりやすい。でも、どこかに、なんらかの形で、本当に意味のある、自己満足ではない国際協力の道があるはずだ」

自問自答しながらも、20 歳代の私は、そのことばかりを考え続けていた。

35 歳を過ぎるころ、私には、1 つの確固たる考え方が生まれていた。悩み続けた末にたどり着いた、本当の、「本当に意味のある国際協力」の姿。それを実践してみるべく、私は世界でも屈指の有名な国際協力団体「国境なき医師団」の扉を叩いた。20 年以上考え続けた、私の理想と信念が正しいかどうかを確認するために……。

MSF。世界最大の医療系 NGO の理念のもと、私個人の理想を実現するため、シエラレオネという国の現実へ、私は思い切りぶつかっていった。

（山本敏晴『世界で一番いのちの短い国——シエラレオネの国境なき医師団』pp.72-81, 2012 年 , 小学館文庫）

＊縦書きを横書きにするにあたり、漢数字をアラビア数字にした。

3 発表資料を作ってみよう

→「別冊ポートフォリオ」p.6

発表テーマ「シエラレオネの国境なき医師団」

発表資料（レジュメ）を１人で／ペアでで作りましょう。

❶ レジュメとは？

文章の内容や自分の考えを他の人に伝えるために、わかりやすくまとめた発表資料のことです。

一番初めに、タイトルや発表日、発表者名を書きます。それから、文章の内容をまとまりで分けてタイトルをつけたり、箇条書きでまとめたり（短い文やキーワード）、順番にしたがって番号をつけたりします。聞いている人にわかりやすいように工夫しましょう。

<レジュメ作成のポイント>

① 筆者が書いていることを正確にまとめましょう。

・すべてを書く必要はありません。大切なところを抜き出します。

・内容のおもしろさも伝わるように工夫してみましょう。

② レジュメの最後に、感想を書きましょう。

Point

pp.41-42 に、レジュメの例があるよ。見てみよう

❷ レジュメを作ろう

実際にレジュメを作ってみましょう。

同じ読み物を読んだ人とペアで作ってもいいでしょう。

❸ レジュメを見せ合おう

同じ読み物を担当した人（ペア）同士でレジュメを見せ合い、お互いに意見を出し合って、よりよいレジュメに作り替えましょう。同じ部分や異なる部分に注目して、話し合ってみましょう。

レジュメの例

タイトル
・中央に
・目立つ字体（フォント）で（例：MS ゴシック・太字）

発表の年月日

発表者の名前（右側に）

2021 年 11 月 11 日

『世界で一番いのちの短い国』分担読解

第１章（1）　異国の朝　ここに来て半月、朝起きると下痢（pp.11 ～ 21）

発表者：リュウ エリン

1. 当時の現状

・場所：「シエラレオネ共和国」：西アフリカ（赤道直下

・所属：国境なき医師団（MSF）

・体調：毎日、下痢（着任後、半年間継続。原因不明。）

見出し
・内容を分けて、番号とタイトルをつける。
・章のタイトルは、算用数字とピリオドで書く。句点や読点（。　、）は使わない。
（例：1.　）

2. 生活環境

1）衣：前後に「国境なき医師団　(MSF)」と印刷され

2）住：靴なしでは歩けないほどの、汚い床（毎日現地スタッフが掃除済み）。
　　高額なナイトガード２名（居眠りは日常茶飯事）。

3）気候：一年を通して最高気温 33℃⇔深夜～明け方は 15℃
　　⇒寒暖差が激しい。

3. トイレ事情

1）屋外に位置。電気・水道なし。

2）巨大なゴキブリが必ずいる（日本の約５倍の

3）木製のドアは隙間だらけ。地面に直径 20cm
　あり、大と小を別々にしないと入らない。
　⇒筆者の大きな心的負担（我慢と苦悩）

4）現地の人：水の入ったプラスチック製の「やかん」のようなものを持参し手
　　で洗う。
　筆者：月に一度支給されるトイレットペーパーを常に持参。

内容部分
・箇条書きでまとめる。
・文は短く。
・名詞で終わる文でも OK。
・どのフォントがいいか先生にきいてみよう。
（例：MS 明朝、ヒラギノ明朝など）

内容

・本の内容を全部書く必要はない。
・大切なことやおもしろいところを中心にまとめる。

4. 日課

・妻はMSFの先輩（スリランカとイランへ計約1年半派遣）。
・共用PCを使用し、ローマ字で愚痴や日々の出来事を送信するのが日本語を唯一使用する機会。
⇒うさを晴らして精神状態を安定化。自分のやっていることの意味を確認。

5. 感想

イントロ部分にもかかわらず、あまりきれいな話とは言えないもので、正直おどろいた。このような国際協力を語るような本は、きれいごとしか書いていないのではないかという偏見があったからだ。しかし、この出だし部分を読んで、この筆者であれば、きれいごとではなく、ありのままの国際協力について記述してくれるのではないかと期待を持てた。この続きを早く読んでみたいという気持ちになった。

感想

・最後に、資料を読んで考えたことをまとめる。
・本の内容と感想や意見は分けて書く。

4 発表してみよう

レジュメを使った発表

発表する人 レジュメをそのまま読むのではなく、必要な情報を補いながら、わかりやすく説明しましょう。

聞く人 発表を聞きながら、わからないこと、感じたことについてレジュメにメモしましょう。発表を聞いたあとで質問しましょう。

Point

漢字の読み方も確認しておこう。レジュメにどのように話すかを書き込んでおくと安心だね。話すときは、「～です。～ます。」の形で話すよ

Point

p.127「使える表現」を使って発表してみよう

5 話し合ってみよう

「シエラレオネの国境なき医師団」の感想と疑問点

発表を聞いて感じたことについて、話し合いましょう。

column

コラム

作文やレジュメを見せ合ってみよう

あなたは、学生が書いたものは先生がなおすものだ、と思っていますか。最近の作文教育では、学生がペアやグループになって、それぞれが書いた作文について、改善点を話し合い、修正する活動が注目されています。この活動をピア・レスポンスといいます。新しい研究の中には、先生が修正するよりも、ピア・レスポンスのほうが作文がよくなる、という報告もあります。

しかし、よりよいピア・レスポンスをするためには、知っておかなければならないこともあります。まず、私たちは、漢字や文法など、すぐに見つけられる問題だけに注目してしまうということです。このような問題だけでなく、作文の内容や構成（文全体の流れ）についても話し合ってみましょう。

次に、学生は先生のようによいアドバイスができない、という意見があります。しかし、自分の作文だけでなく、他の人の作文を読むことによって、どんなアドバイスをしたらよいかを考えることができるようになります。お互いの意見や評価について話し合うことで、今まで気がつかなかったアイディアに気づくことができるかもしれません。

他の人の書いたものを読み、話し合うことで、自分の作文の改善点が見えてくるのがこの活動のおもしろさです。ぜひやってみてほしいと思います。

［語彙リスト］

・ペア	2人で活動する仲間／チーム
・グループ	3人より多い人で活動する仲間／チーム
・改善点	これからよりよくする必要があるところ
・修正	なおすこと／変えること
・構成	どのような内容を、どのような順番で書くかということ／文全体の流れ、組み立て
・アドバイス	「～したほうがいい」「～したらどう」など、他の人を助けるためのことば

ページ	語・表現	読み方	意味
1 話してみよう：「はじめに」			
p.30	おおよそ	おおよそ	だいたい
p.30	でっぱり	でっぱり	出っ張り／周りよりも出ているところ
p.30	奴隷貿易	どれいぼうえき	【調べてみよう】
p.30	平均寿命	へいきんじゅみょう	何歳まで生きるかの平均年数
p.30	統計	とうけい	調査した結果を数字で表したもの
p.30	派遣する	はけんする	人を目的の場所へ行かせる
p.30	奮闘	ふんとう	がんばって仕事などをすること
p.30	多少なり	たしょうなり	少しでも
2 読んでみよう：「読み物１」			
p.32	さまよう	さまよう	目指すところが見つからず歩き回る／悩む
p.32	方針	ほうしん	これからすることの方向ややり方
p.32	中立	ちゅうりつ	どちらの味方もしないこと
p.32	平等	びょうどう	2つ以上のものや人の間で違いがないこと／差別がないこと
p.32	緊急	きんきゅう	大変なことで急ぐこと
p.32	英国領	えいこくりょう	歴史的にイギリスの海外領土だったところ
p.32	内戦	ないせん	国内の戦争
p.32	戦禍のおよぶ	せんかのおよぶ	戦場になっている
p.32	恐縮	きょうしゅく	申し訳ない思い
p.32	うろうろする	うろうろする	どうしてよいかわからなくて歩き回る
p.32	住みつく	すみつく	あるところに長く住み続ける
p.32	臨時	りんじ	いつもではなく、その時だけ
p.32	供給	きょうきゅう	必要なものを運ぶこと
p.32	消費量	しょうひりょう	使った量
p.32	重症	じゅうしょう	病気やケガの症状(様子)が重いこと
p.32	患者	かんじゃ	病院で病気やケガを治してもらっている人
p.32	非医療従事者	ひいりょうじゅうじしゃ	医者や看護師ではない人
p.32	役職名	やくしょくめい	職場などでの立場の名前
p.32	依頼する	いらいする	たのむ
p.32	地理的に	ちりてきに	その土地の条件を考えて
p.32	総合的な	そうごうてきな	いろいろなものをまとめた
p.32	ナース	ナース	看護師
p.33	富裕層	ふゆうそう	お金持ちの人たち
p.33	真っ先に	まっさきに	誰よりも早く
p.33	逃亡する	とうぼうする	逃げる／逃げ出す
p.33	崩壊する	ほうかいする	こわれたり消えてなくなったりする
p.33	連携する	れんけいする	力を合わせて協力する
p.33	一次医療	いちじいりょう	病気やケガのが軽い人のための診療所やクリニック
p.33	立て直し	たてなおし	悪くなったものをもとに戻すこと
p.33	配属する	はいぞくする	仕事や仕事の場所が決まる
p.33	一角	いっかく	全体の中の一部の場所
p.33	推定する	すいていする	わかっていることをもとにいろいろ考えて決める
p.33	面倒(を)みる	めんどう(を)みる	世話をする
p.33	予算	よさん	必要なお金／計画されたお金
p.33	額	がく	金額／お金
p.33	あてる	あてる	準備する／配分する
p.33	統括	とうかつ	まとめること
p.33	コーディネーター	コーディネーター	人や仕事をまとめるためにいろいろなことをする人
p.33	物資	ぶっし	人の生活や活動に必要なもの

ページ	語・表現	読み方	意味
p.33	調達	ちょうたつ	必要なものを用意して届ける
p.33	運搬	うんぱん	運ぶこと
p.33	財務	ざいむ	活動に必要なお金を用意したり管理する仕事
p.33	幹部	かんぶ	団体のリーダーや中心となっている人たち
p.33	離れると	はなれると	違うところだと
p.34	独立した	どくりつした	別々の
p.34	成り立つ	なりたつ	できる／構成される
p.34	財源	ざいげん	必要な金／使う金や収入の出どころ／資金源
p.34	独自に	どくじに	それぞれ違うやり方で
p.34	企画する	きかくする	活動の内容や方法を計画する
p.34	運営理念	うんえいりねん	どのように仕事をするべきかについての考え
p.34	企業	きぎょう	会社
p.34	募金する	ぼきんする	ある活動に必要な金を集める
p.34	要員	よういん	仕事に必要な人
p.34	役目	やくめ	しなければいけない仕事
p.34	担う	になう	仕事をする
p.34	満足する	まんぞくする	十分だと思う
p.34	ミッション	ミッション	行動や仕事／使命
p.34	生まれ変わる	うまれかわる	新しく変える
p.34	招聘する	しょうへいする	たのんで来てもらう
p.34	ノウハウ	ノウハウ	やり方に関する専門的な知識や技術
p.34	手はず	てはず	準備や計画
p.34	見解	けんかい	ものごとへの考え方
p.34	個人的な	こじんてきな	自分だけの
p.34	段階	だんかい	順番／ステップ
p.34	紛争地帯	ふんそうちたい	争いや戦争が起こっている地域
p.34	(軍事)勢力	(ぐんじ)せいりょく	(戦争をしている)団体
p.34	攻撃	こうげき	戦争などで人や町を傷つけたりこわしたりすること
p.34	中立性	ちゅうりつせい	異なる2つのもの(人、国、政府など)のどちらにもつかないこと
p.34	ぶち壊す	ぶちこわす	めちゃめちゃにこわす／だめにする
p.34	啓発	けいはつ	知らない人に知らせたり教えたりすること
p.34	ジャーナリズム	ジャーナリズム	新聞やニュースを伝える活動
p.34	分離する	ぶんりする	分ける／はなす
p.34	周辺国	しゅうへんこく	周りの国
p.34	設立する	せつりつする	会社や組織を新しくつくる
p.34	一気に	いっきに	短期間で
p.34	主導権	しゅどうけん	ものごとを決める力や中心になる力
p.34	移す	うつす	渡す／移動させる
p.35	誤解する	ごかいする	ことばの意味を間違って理解する
p.35	おそれる	おそれる	心配で怖くなる／不安になる
p.35	独善的な	どくぜんてきな	自分だけが正しいと思うような
p.35	おちいる	おちいる	よくない状態になる
p.35	人道主義	じんどうしゅぎ	【🔍調べてみよう】
p.35	いいがたい	いいがたい	言うことが難しい
p.35	スタイル	すたいる	考え方／やり方
p.35	資本主義	しほんしゅぎ	【🔍調べてみよう】
p.35	民主主義	みんしゅしゅぎ	【🔍調べてみよう】
p.35	西洋医学	せいよういがく	ヨーロッパやアメリカの科学的な医学
p.35	押しつける	おしつける	無理にさせる
p.35	傾向がある	けいこうがある	ある状況になることが多い
p.35	承知で	しょうちで	わかっていて

ページ	語・表現	読み方	意味
p.35	限る	かぎる	それだけの
p.35	共通する	きょうつうする	あてはまる／同じような
p.35	とりあえず	とりあえず	まず／他よりも先に
p.35	ましな	ましな	他よりも悪くはない
p.35	次第	しだい	というわけだ・事情だ

2 読んでみよう：「読み物2」

p.36	根本理念	こんぽんりねん	どのように仕事をすべきかについての基本的な考え
p.36	宗教	しゅうきょう	神などを信じること、その教え
p.36	民族	みんぞく	同じ土地に住み、同じことば、宗教、習慣などを持つ人の集まり
p.36	保つ	たもつ	その状態のままにする
p.36	急性疾患	きゅうせいしっかん	急になる病気
p.36	緊急時	きんきゅうじ	戦争や地震など危ないことが起こっているとき
p.36	紛争	ふんそう	争いや戦争
p.36	自然災害	しぜんさいがい	地震や台風などの自然が原因となって起こる被害
p.36	肺炎	はいえん	悪いウイルスや細菌が原因でおこる肺の病気
p.36	悲惨	ひさん	とてもひどい様子
p.36	目撃する	もくげきする	何かが起こった場所で自分の目で見る
p.36	当たり前	あたりまえ	みんなが普通だと思っていること／当然
p.36	とりたてて	とりたてて	特別にとりあげて
p.36	特筆する	とくひつする	目立つように書く
p.36	外交	がいこう	国と国との話し合いや関わり
p.36	支配地域	しはいちいき	ある人やグループが管理をしている地域
p.36	～寄り	～より	～に近いほうの立場
p.36	敵対する	てきたいする	戦う相手と考えて対立する
p.36	こなす	こなす	仕事を終わらせる
p.37	屈指	くっし	他よりも大きい・よい
p.37	巨大な	きょだいな	とても大きな
p.37	膨大	ぼうだい	とても多い
p.37	手を出す	てをだす	仕事などに関わったり新しく始めたりする
p.37	中途半端	ちゅうとはんぱ	完成していない／はっきりしない
p.37	一切	いっさい	まったく／ぜんぜん
p.37	独自性	どくじせい	他にはない自分たちだけの特徴
p.37	打ち出す	うちだす	自分の考えを相手にわかるようにはっきり示す
p.37	批判	ひはん	その考えはよくないと言うこと
p.37	優先する	ゆうせんする	他のことをあとにして、一番先にする
p.37	極論	きょくろん	かたよった考え
p.37	勝手に	かってに	何もしなくても／自然に
p.37	費用対効果	ひようたいこうか	かけたお金や労力と合った成果があるかどうか
p.37	要するに	ようするに	まとめてわかりやすく言うと
p.37	治す	なおす	薬を飲ませたり手当てをしたりして病気でない状態にする
p.37	抗生物質	こうせいぶっしつ	病気を起こす細菌が増えないようにする薬
p.37	慢性疾患	まんせいしっかん	急に悪くならないが、治るまでに時間がかかる病気
p.37	腎不全	じんふぜん	体の中のいらないものを尿として出す腎臓があまり働かなくなる病気
p.37	透析	とうせき	腎臓のかわりに体の中のいらないものを人工的に外に出すこと
p.37	急性期	きゅうせいき	病気が急に悪くなる時期
p.37	治療	ちりょう	医者が病気をなおすこと
p.37	募金者	ぼきんしゃ	ある活動に必要なお金を出す人
p.37	内部	ないぶ	グループの中

ページ	語・表現	読み方	意味
p.37	実は	じつは	本当は
p.37	おいそれと	おいそれと	簡単には
p.37	地雷	じらい	土の中に埋めておき、人や車がそれを踏むと爆発するもの
p.37	間接的に	かんせつてきに	直接ではないが、そういう意味になるように遠回しに
p.37	軍事勢力	ぐんじせいりょく	銃などを持って戦うグループ
p.37	ボス	ボス	そのグループで一番えらくて強い人
p.37	綿密な	めんみつな	こまかい／くわしい
p.38	分裂する	ぶんれつする	小さく分かれる
p.38	宣伝	せんでん	多くの人に広く知らせること
p.38	癇にさわる	かんにさわる	気に入らなくていらいらする／怒る
p.38	管理	かんり	きちんとコントロールすること
p.38	曖昧な	あいまいな	はっきりしない
p.38	人道的	じんどうてき	【調べてみよう】
p.38	創設	そうせつ	新しく会社や学校などの組織を作ること
p.38	経緯	けいい	ものごとが起こった順番／プロセス
p.38	集落	しゅうらく	人の家が集まっているところ
p.38	すさまじい	すさまじい	おどろくほどひどい／おそろしい
p.38	展開する	てんかいする	広がる
p.38	蝿(蠅)	はえ	くさった食べ物につく羽のある小さな虫
p.38	ところかまわず	ところかまわず	どんなところにも気にしないで
p.38	舞う	まう	おどるように飛ぶ
p.38	平気で	へいきで	気にしないで
p.38	バクつく	バクつく	大きな口を開けてぱくぱく食べる
p.38	いたるところに	いたるところに	すべての場所に
p.38	追い払う	おいはらう	じゃまなものやうるさいものが外へ行くようにする
p.38	平然と	へいぜんと	落ち着いて何も気にしない様子
p.38	わりと	わりと	思ったよりも
p.38	潔癖症	けっぺきしょう	汚いことがとても嫌であること
p.38	思わず	おもわず	あまり考えないで／無意識に
p.38	引く	ひく	人の様子を見て、そこから立ち去りたくなる
p.38	引っかかる	ひっかかる	気になる
p.39	迷い	まよい	どれにしようかと決められなくて困ること
p.39	自己満足	じこまんぞく	自分で言ったことやしたことに自分だけで満足すること
p.39	悩む	なやむ	どうしたらいいかいろいろ考えて困る
p.39	存在意義	そんざいいぎ	自分がいることの価値や必要性
p.39	ウダウダと	ウダウダと	どうでもいいことをいつまでも
p.39	偽善	ぎぜん	いい人だと思われようとすること
p.39	やりがい	やりがい	がんばる価値があること
p.39	追いかける	おいかける	夢や目標を実現できるように行動する
p.39	自問自答する	じもんじとうする	自分の心の中で自分に何度も質問する
p.39	確固たる	かっこたる	しっかりとした／変わらない
p.39	～た末に	～たすえに	いろいろした最後に
p.39	たどり着く	たどりつく	苦労してやっと着く
p.39	実践する	じっせんする	実際に行動する
p.39	叩く	たたく	新しくグループに入ろうとする
p.39	信念	しんねん	自分が強く信じている考えや気持ち
p.39	思い切り	おもいきり	何も気にしないで力いっぱい
p.39	ぶつかる	ぶつかる	いきおいよく何かに当たる

ユニット
UNIT
5

世界で一番いのちの短い国(2)

国際協力の活動について知る

さらに国際協力について理解を深めましょう。
ここでは、もっと長い文章を読んでレジュメを作り、他の人に紹介します。
その中で、どのように説明すればわかりやすいかについて考えます。

できるようになったら
チェックしよう!

ユニット5の目標

4C		
	内容 Content	□ 1. 国際協力の現場やしくみについて知る。
	言語 Communication	□ 1. 国際協力に関する読み物を読む。 □ 2. 読んだ内容をもとにポイントがわかりやすいレジュメを作る。 □ 3. レジュメを使って読み物の内容や自分の考えを簡潔に説明する。 □ 4. 他の人の発表を聞いて質問する。
	思考 Cognition	□ 1. 国際協力の現場やしくみに関する情報を整理する。 □ 2. 自分と他の人の読み方や発表方法を比べる。 □ 3. よい発表のしかたについて理解する。 □ 4. 他の人の発表を聞いて疑問点やもっとくわしく知りたいことを考える。
	協学・異文化理解 Community/Culture	□ 1. 発表の準備を協力して行う。 □ 2. 他の人の説明のわかりやすさについてコメントする。 □ 3. 国際協力の活動と課題について考える。

1 話してみよう

「よい発表」とは？　「よい発表資料（レジュメ）」とは？

❶「よい発表」とは、「よい発表資料」とはどのようなものかについて、グループで話し合ってみましょう。

よい発表とは？

・

・

・

・

・

よい発表資料とは？

・

・

・

・

・

Point

ヒント！

・どんな内容が書いてあるといい？

・読み物のどんなところを紹介するといい？

・どのような日本語で書くといい？

・どんなレイアウトがいい？（「レジュメの例」pp.41-42）

2 読んでまとめてみよう

読み物 3、読み物 4、読み物 5：支援活動の難しさ

本をみんなで分担して読みます。次の文章（読み物 3 ～読み物 5）は、山本敏晴さんの書いた『世界で一番いのちの短い国――シエラレオネの国境なき医師団』の第 3 章の一部です。読み物 3（pp.53-57）、読み物 4（pp.58-64）、読み物 5（pp.65-71）のどれかを選んで読み、発表資料（レジュメ）を作りましょう。1 つの同じ文章をペアで読むのもいいでしょう。

読み物 3

「シエラレオネの内戦とこども兵の問題」について。

読み物 4

「病院の再建や危険な場所でどう活動していたか」について。

読み物 5

「筆者トシの信念やシエラレオネの文化と問題について悩んだこと」について。現地の儀式（性器切除）に関する話も出てきますが、大切なことなので読んでみましょう。

Point

山本敏晴さんの書いた『世界で一番いのちの短い国――シエラレオネの国境なき医師団』を手に入れて、本を一冊読むのもおススメ。自信がつくよ

●本文の中の登場人物　［登場する箇所］

私（トシ・山本敏晴）	主人公、メディカルドクター（医師）、日本人
ドクター・フォーリー	マグブラカ州立病院の院長、シエラレオネ人 [読み物4]
ジョセフ	プロジェクト・リーダー、カナダ人 [読み物4]
ロビンソン	ロジスティッシャン（物資調達運搬係）、オーストラリア人 [読み物4]
ティンボ	ナイトガード（警備員）、シエラレオネ人 [読み物5]
カルロス	看護師、シエラレオネ人 [読み物5]
バスコ事務長	病院の管理者、シエラレオネ人 [読み物5]

Keyword

革命軍	国の政治を変えるために戦う軍
ダイヤモンド鉱山	ダイヤモンドがとれるところ
子ども兵	戦争で戦わされる子ども
四肢切断	手や足を切ること

Point

難しいと思うけど、わからないことばはあまり気にせず、読んでみよう

→「語彙リスト」pp.76-81

読み物3

第3章　ことばの力　(1)

国の政情（せいじょう）　内戦が10年以上続いたため、子ども兵が大人に

この国の現状と歴史について触れておこう。

この国の南東部では、ダイヤモンドが採れる。しかし、かえってそれがこの国にとってよくなかった。なんでかというと、それを狙って他国が攻めてきたからだ。南東に位置するリベリアが、ダイヤモンドの利権欲しさに策略をめぐらせた。

このリベリアのテーラー大統領は悪知恵が働く人で、まともに他国に攻め入ったのでは国際社会からの非難を浴びてしまうと考えた。だから攻めこんだ軍隊に、シエラレオネ政府の汚職を正す「革命軍」のふりをさせることを思いついた。つまり、はたから見ると、シエラレオネ国内の内戦のように見えるしかけを作ったのである。

「この国の政府は腐っている！　政治家は汚職と賄賂（わいろ）ばっかりだ！　われわれの力で新しい国を作ろう！」

というかけ声のもと、内戦（？）を起こし、ダイヤモンド鉱山を支配下に置いていったのである。実際、「この国の政府に賄賂がはびこっていた」のは事実だったので、あながちウソばかりではないのだが……。それはともかく、こうして、黒幕であるリベリアの大統領の意図のもとに組織された、シエラレオネ国内の革命軍を、RUF（Revolutionary United Front：革命統一戦線）という。

このRUFは、シエラレオネから略奪したダイヤモンドを、リベリア経由でヨーロッパに密輸してもうけている。このため、資金が豊富であり、RUFには、兵器などの軍需物資がどんどん届いた。このおかげで、あっという間にシエラレオネ全体を席捲（せっけん）してしまった。シエラレオネの政府軍を敗走させ、おまけに自分の軍隊にとりこみ、首都を除く全州を支配下においてしまったのである。

これに困ったシエラレオネ大統領のジョン・カバーは、国連に援助を依頼した。これを受けて、イギリス（植民地時代の宗主国）を中心とする国連軍がこの国の内戦（？）に軍事介入し、フリータウン周辺のRUFを駆逐していった。

結局、2001年9月現在、シエラレオネの西側半分は政府軍（実際は英国などの国連軍）が支配し、東側はRUF軍（黒幕はリベリア軍）が支配している状態となっている。そしてさらに、政治的な交渉も進み、一応、このまま停戦（終戦？）の方向に話が進ん

でいる……ようだ。以上が、おおざっぱなこの国の現代史だ。

日本ではシエラレオネ共和国はまったく無名であるが、欧米などの国際協力に積極的な国々の間では、この国は非常に有名である。それは、次の3つの理由による。

1つは、平均寿命が世界最短、乳児死亡率（1歳までに子どもが死ぬ確率）は最悪、5歳未満の乳幼児死亡率も最悪、妊産婦死亡率も最悪など、医療統計の数字が、ことごとく、世界で一番悪いレベルなのである。

2番目は、このシエラレオネから搾取されたダイヤモンドが、アメリカ合衆国の人々を「9・11テロ」で恐怖におとしいれた、オサマ・ビン・ラディンひきいるテロリスト組織、「アルカイダ」の資金源になっているらしいことである（イギリスのBBC、アメリカのCNNにより報道された）。

3番目は、RUFによって、一般市民の「四肢切断」がおこなわれたり、わずか5歳の少年少女を最前線の兵隊、すなわち「子ども兵」として使ったりするなど、人権を蹂躙（じゅうりん）する問題がいろいろ起こったからである。

人権蹂躙の話について、もう少し触れさせていただく。

まず、四肢切断についてであるが、この国では1990年代に、RUFによる一般市民の四肢切断事件が幾度となく起こった。お酒に酔ったり、麻薬を自分に注射したりした兵士が、ふざけて人々を切りきざんだケースもあるが、もっと悪いのは確信犯である。

つまり、わざと死なないように四肢を切断し、体が不自由になった一般市民を生かしておくのである。これにより政府は、体が不自由になった人々を保護し福祉を提供するため国家予算をさかねばならず、またその不自由な人を家で家族も介護するために、家族も働きに出ることができない。こうして、産業を含めた国力が疲弊していくのである。こうした悪質な手法、体の不自由な人を作る作戦（地雷なども同様な手法なのだが）は世界的に用いられており、敵国の経済力を疲弊させるための、もっとも効率がよく、かつ、もっとも悪質な手段として、国際社会、特に人権問題を監視するタイプのNGOから激しい非難を浴びている。なお、現在シエラレオネの国家予算が底をついているため、代わりにNGOなどが、四肢を切断された人々のための施設を作り、援助をしている。

次に、子ども兵問題についても、記述しておく。

RUFは、1990年代初頭、軍事施設とまったく関係ない村々を襲い、5歳前後以上の少年少女を誘拐していった。誘拐したといっても、小さい村にはお金などないので、身代金を要求するのではなく、そのまま兵隊にするのである。どうやって兵隊に仕立て上げるのかというと、麻薬を無理やり服用させ（皮膚に切れこみを入れ、そこにコカインなどの粉をまぶしこみ）、心をハッピー（悦楽状態）にし、最前線にライフル銃（自動小銃 AK47、別名カラシニコフ）を持たせて立たせ、恐怖を感じない最強の戦士として「使用」するのである。麻薬でラリって、善悪の見境のなくなった少年少女は、自分の親兄弟ですら平気で殺す、「殺人マシーン」となってしまう。また、家族や同じ村の村人を殺してしまった子どもたちは、二度と、その村に戻れなくなってしまうので、一生、子ども兵を続けていくしかなくなる。

5 歳にして人殺しを覚え、毎日が麻薬漬けで、それをくり返す日々。いつの間にか、人殺しをなんとも思わない人間となってしまう。彼らは、親からの倫理教育を受けず、学校での道徳の授業もないので、正常な倫理観念や道徳規範を、一切もたない人間に育っていく。こうして、子どもたちは、「生きた兵器」「戦争の道具」あるいは「モンスター」と呼ばれる悲しく不幸な存在、「子ども兵」になってしまうのである。

2001 年 9 月現在、半ば停戦が決定した状態となったため、いくつかの国際協力団体がこの「子ども兵問題（子ども兵だった人を、戦後の正常な社会に適応させようとする試み）」に着手し出した。そのなかの 1 つに、キリスト教系の組織、「カリタス」がある。カリタスは、子ども兵たちを何百人も集め、各地に宿泊施設つきの学校を作った。なんでかというと、停戦となった今でも、人々は子ども兵たちをその残虐性から恐れ、彼らの生まれ故郷の村でさえ、その帰還を拒んだからである。ともかく、こうした事情で作られた学校に、彼らは迎えられ、3 食を与えられるとともに、さまざまな教育がおこなわれた。

国語（公用語である英語）、算数、裁縫、体育（サッカー）、宗教（倫理教育）の時間などがあり、最低必要な教育がおこなわれた。このなかでもっとも特徴的だったのが、やはり宗教の時間で、聖書に基づいた「良いこと」と「悪いこと」を教えていた。

ちなみにこの国の人々の 70 パーセントはイスラム教徒であり、20 パーセントがキリスト教徒である。だから、キリスト教の聖書から引用したのでは、彼らも納得しないのでは？……と思っていたら、意外なことがわかった。キリスト教の聖書も、イスラム教のコーランも、旧約聖書の部分は同じなのだそうだ。だから、旧約聖書に書かれていることのなかから、「良いこと」や「悪いこと」の規範を引用しているらしかった。具体的には、

「モーゼの十戒」に書かれている、「盗みをするな、人殺しをするな、姦淫をするな、両親を大切にせよ」などである（なお、私自身は、政治・宗教的な中立性を重んじるので、特定の宗教はもっていない。念のため）。

ともかく、内戦が 10 年以上続いている現在では、5 歳ぐらいで誘拐された子どもたちもそうとう成長している。小学 1 年生に教えるような道徳（人間なら、当たり前に知っていること）を、15 ～ 25 歳の青年に対して教師が話すわけである。横で聞いていると、なかなか奇妙な光景であった。

また、このような善悪を教える倫理の授業の合間をぬって、一人一人が懺悔室に呼ばれ、自分がやってきた悪いことをすべて神様に話すように言われていた。彼らが自分のやった罪を全部正直に話した場合、「よくわかった。それで十分だ。これからはこの国の未来のためにがんばりなさい」と言って、教師（司祭？）たちは彼らを責めなかった。しかも、「君たちは、この国の未来にとって重要な人物だから、やりたいことをしっかりもって、誇りをもって生きていくように」とくり返し言っていた。

こうした活動の中で、彼らの医学的な健康上の問題にも対処するために、MSF へ協力が要請された。ちょうどわれわれがマグブラカに移ってきた忙しい時期だったのだが、とりあえずこの件に対し OK の返事をした。子ども兵問題は国際的にも重要な関心事であり、われわれも知らぬ存ぜぬですむとは思わなかったからだ。

私は日中の仕事の合間をぬって、このカリタスの子ども兵キャンプに赴いた。1 日 50 人ぐらい、合計で 500 人以上は診察したと思うが、なかなかすさまじい結果だった。ほとんどの少年少女に、弾痕（撃たれたあと）があり、またナイフによる刺し傷がいたるところに認められた。実はその切り傷のうち、こめかみや手首のところにあったものは、RUF が子どもたちの体に（粉末状の）麻薬をすりこむときに使った場所だということを、私はあとからカリタスのスタッフから教えてもらった。

また私が一番驚いたのは、少年も少女も、ともにセックスを強要されていたことだ。女性のほとんどは、毎晩、多数の男性に性行為を強要され、妊娠しているか、妊娠の経験があった。だれの子どもかわからない子どもを産みたくない場合、危険な方法で中絶をしていた。具体的には、木の棒などを自分で子宮内に突っこむか、屋根の上から飛び降りるか、洗剤などの化学薬品を大量に飲む、など信じられない方法をとっていた（当たり前だが、これらの方法では、そもそも中絶できるかどうかわからないし、またそれ以前に、自分の命が危ない)。

また少年のほうも、上官からの命令で、みんなの見ている前で、見世物として、セックスをしなければならなかったというのだ。

ともかく、一点、強調しておきたいのは、「少年兵」という用語が、マスコミで使われることが多いが、それは間違いである。半分近くは、「女性」だからだ。よって「子ども兵」と言うのが正しいと思う。英語でも、「チャイルド・ソルジャー」と呼ばれており、「ボーイ・ソルジャー」とは呼ばれていない。

さて私が、現地語(ティムニ語)でしゃべり、診察をしてみたところ、彼らはほとんどが、普通の少年少女たちであり、特別に危険な印象は感じられなかった。……ところが、私が診察する後ろでは、少年少女たちが、授業の1つ、「情操教育」の一環として、サッカーをやっていたのだが、試合が盛り上がってくると、ファウルをする子が増え、そこから口論になり、試合中なのに大ゲンカを始めてしまう。そして、ケンカをしている時間のほうが、サッカーをしている時間よりも長いのである。

一方、私の目の前では、カリタスの教師たちが高らかに声をはりあげ、

「戦争は終わった！　君たちはこの国に必要な人間だ！　誇りをもって生きていけ！」

というフレーズを怒鳴るようにくり返す……。

「混沌(カオス)」

そんな言葉が、私の頭に浮かんでくる。カリタスの子ども兵キャンプ。ここはこの国の縮図なのだろうか？　あるいは、未来そのものなのか……。

(山本敏晴『世界で一番いのちの短い国——シエラレオネの国境なき医師団』pp. 97-108, 2012年, 小学館文庫)

＊縦書きを横書きにするにあたり、漢数字をアラビア数字にした。

読み物4

「第３章　ことばの力　(2)
現地の文化　秘密結社の、イニシエーションってなに？」(前半)

さて、いよいよマグブラカ州立病院の再建である！

このことが、私がこのシエラレオネに（MSF によって）招聘された最大の理由であり、この仕事を無事完了することが私のこの国での任務だ。

気合を入れてがんばるぞーっ、と言いたいところだが、問題は山積みである。RUF と政府との間の戦闘が 10 年以上も続いたため、国内の医者と看護師のほぼすべてが逃げ出してしまい、また病院の建物自体も、爆弾などによって破壊されてしまっているのである。というわけで、医療を始める前に、それ以前の体制作りから始めないといけない。

まずは、病院の建物が戦闘によって破壊されているため、屋根やら窓やら扉やらの修理から始める。そうでないと、マラリアを運ぶ蚊が入り放題だし、それ以前に雨が中まで降ってくる。

次の問題は、病院スタッフがいないことだ。このマグブラカには、正規の資格をもった医者や看護師がほぼおらず、病院で働いているのは、ナース・エイド（看護補助員）と呼ばれている、要するになんの資格ももたない近所の村人たちなのである。しかし、いないものはしかたがないので、とりあえずこのナース・エイドたちを、なんとか普通のナースの「まねごと」ができるくらいにまで教育しないといけない。

さらには、この病院には院長であるドクター・フォーリーという医師がいるのだが、彼は、「MSF による病院への医療介入」に対し、あまり快く思っていないようだった。だが、ともかくこの病院の最高権力者である彼と、うまくやらないといけない。

MSF などの国際 NGO の活動は、途上国に行けば、どこの土地でも歓迎されて、どの住民も快く受け入れてくれるとお思いかもしれないが、そんなことはない。

医療活動には、それなりのさまざまな利権（金もうけ）がからんでおり、われわれの活動を快く思わないケースも数多く存在する。簡単にいうと、MSF は、ほぼ無料で医療サービスを提供するため、患者は当然そこに集まる。だから、その近所で病院や診療所を有料で経営している人たちは、自分の収入が減ることになるのだ。

ここマグブラカでのドクター・フォーリーのケースも、これにあたる。ドクター・フォーリーは、ほかの医者たちが逃げ出すなか、自分はうまく反乱軍に取り入って（どうやったのかは不明だが）、この地域唯一の医師としての地位を確立した。で、帝王切開や鼠径（そけい）ヘルニアの手術を、法外な金額と引き換えにおこなっていたのである。つまり、医療は彼にとって独占的なビジネスだったのである。

彼は愚かではないので、MSF が彼の運営するマグブラカ病院に入ってきた場合、無料で医療を患者におこなうであろうことを知っていた。また､あとになってわかったのだが､彼は、なんの資格もないナース・エイドたちに、帝王切開などの手術をやらせ、手術のときはいつも後ろでぼーっと見ているだけだった（一応、監督していた？）。つまり、この地域では、医者でも看護師でもない、なんの資格もないナース・エイド（普通の村の人）が手術をしていながら､高額のお金を患者さんたちは支払わされていたのである（ただし、それでも、帝王切開ができなくて、母子ともに死んでしまうよりは、はるかに「まし」である、とも考えられる）。

ともかく、現地にはさまざまな事情が存在しており、MSF が新しい場所で新しい活動を始めるのは一筋縄ではいかない。これらのことも最初はまったくわからなかったが、私がティムニ語を話せるようになって、しばらくしてから、仲良くなった病院関係者が口を割ってくれた。そして、ようやく徐々に判明していったのである。

このマグブラカでの最大の問題は、セキュリティー（安全管理・危険の回避）だった。政府軍側の領域だったマイル 91 と違って、このマグブラカは反乱軍側の土地であり、そこらへんにライフル銃（自動小銃など）を持った RUF の兵士たちがうろついている。町に 2 軒あるパブ（飲み屋）に入っても、いかにもがらの悪そうな青年たちが、ニヤニヤ笑いながらこちらを見つめてくる。いつ、銃を突きつけられて、「全財産をよこせ！」と言われてもおかしくないような雰囲気の町なのだ。こうしたさまざまな問題を解決していくために、われわれは各自の仕事を分担していった。

まず、われわれの隊長、ジョセフは、最低でも毎週 1 回、反乱軍将校のところへ顔を出した。「われわれは貧しい患者たちを助けるためにやってきた団体で、医療活動以外のことはしませんから、どうかわれわれを攻撃しないでください」ということを頼みに行くのだ。

一方、やや郊外に駐屯している政府軍側の将校にも挨拶し、「われわれは中立だから、反乱軍側の土地で活動していても、反乱軍の兵士を治しているわけではなく、一般の貧しい患者たちを助けているだけです」と説明しに行く。

さらには、政府軍を応援している国連軍にも話をしに行く。MSF は政治的中立を重視するため、ほかの NGO と異なり、国連による物資や人員の運搬援助を受けない（国連は政府軍または米軍寄りのことが多いからだ）。しかし、だからといって仲良くしないわけではない。紛争が始まりそうなとき、真っ先に情報を察知し、われわれに教えてくれるのは、この国連であることが多いからだ（政府軍や反乱軍は、われわれにかまっている暇はない）。だから、あらゆる危険に関する情報を、毎日細かく（ラジオやメールで）提供してくださいと頼んでおくのである。

また、この国には第四勢力も存在する。いまいち頼りない政府軍に業を煮やした市民が結成した、「民兵（Civil Defense Force: CDF）」だ。彼らは基本的に、ベトナム戦争のときのゲリラのようなもので、藪の中で生活し、藪の中からライフルで攻撃する、野生の動物のような集団だ。われわれはこの第四勢力にも接触した。

ともかく、このような政治的中立を保つのも、楽じゃないのだ。ぺこぺこ頭を下げまくりながら、舌先三寸で政治的中立を保つ、我らが隊長、ジョセフには、つくづく感心する。

余談であるが、われわれがラジオ（通信装置）で会話をするときに、軍事 4 団体のいずれかの話になるときがある。もちろん、彼らの名前をそのまま言ってはまずいので、暗号を使う。だれが考えたのか知らないが、この暗号はなかなか気がきいていた。

RUF（革命統一戦線）は、R で始まり毎晩ディスコ（クラブ）で元気に跳ねるように踊っているので、ラビット（Rabbit= ウサギ）。政府軍（シエラレオネ軍）は、S で始まり戦争で負けてばかりいるので、シープ（Sheep= ヒツジ）。国連軍は、いつも青い服を着ているので、ブルー（Blue= 青）。CDF（民兵）は、C で始まり、かさかさ素早いので、コックローチ（Cockroach= ゴキブリ）。

ほかのはともかく、CDF のコックローチには笑った。藪の中を高速で移動し、小型のライフルを持って攻撃する様子は、まさに好戦的に進化したコックローチ（ゴキブリ）のようだったからだ（笑）。

また、この土地にはもう 1 人、重要な人物がいた。部族の大長、「パラマウント・チーフ（大部族長）」である。もともと、この西アフリカの土地では、チーフダム制度（部族長による地域の支配制度）というものが古くから伝わっていた。これは、政府や市町村などの、（近代的な）行政単位が作られた今でも、それとは別に、残存しているのである（影響力を保っている）。それぞれの村を、チーフ（部族長）が治めており、数十におよぶチーフたちを束ねる至高の存在が、パラマウント・チーフ（大部族長、日本の天皇に相当？）なのである。

このマグブラカは、このトンコリーリ州の中心であるため、トンコリーリ州周辺を治めるパラマウント・チーフが住んでおり、圧倒的な影響力をもって存在している。10 年前、反乱軍である RUF がマグブラカに攻めこんできたときも、政府軍側である警察署や政府の建物は破壊されたが、パラマウント・チーフの邸宅には手を出さなかったほどだ。それほどパラマウント・チーフの存在は強大なのである。

当然、ジョセフはこのパラマウント・チーフの家にも週に 1 回拝謁に伺い、自分たちが善意の国際ボランティア集団であることを理解してもらっていた。

また、同時に、雇っている現地人の門番やナイトガード、運転手などを駆使して、現地の危険に関する情報を集め、窃盗や殺人、レイプなどの頻度をチェックしていた。強盗や強姦などの頻度が増えてきた場合、それだけでも「われわれが撤退すること」を考えに入れる。なんでかというと、いつわれわれが襲われるかわからないからだ。

ここで、われわれがどうやってセキュリティーを守っているかを書いておく。戦争の「ど真ん中」にいる、ということがどういうことかを、みなさんにわかっていただくためだ。

基本的には、常に各自が、①通信用ラジオを携帯し、必ず 24 時間、②四輪駆動の車といっしょに行動する。これは、絶対のルールである。これを破った場合、即刻、団体をクビになり（解雇され）、国外退去を命じられる可能性が高い。理由は、1 人がルールを守らず、勝手な行動をとると、チーム全員が、危険なめにあう可能性が高いからである。

ともかく、常に、通信機器と車といっしょに行動するのが原則であり、隊長のジョセフから、「逃げて！」という連絡が来たら、首都のフリータウンまで車で逃げるか、あるいはあらかじめ決めてある 3 か所のヘリポート（ただの草地だけど）に行き、そこで国連のヘリコプターに拾ってもらうことになっている。

ただし、これはある程度余裕のあるときの話だ。

では、夜中に事務所兼住居で寝ているとき、突然、武装した集団に襲われたらどうするのか？　答えは決まっている。持っているお金も、コンピューターも、車も、通信装置も、すべてを渡して、代わりに命だけは勘弁してもらうのである。

とにかくこうならないように、普段から近所の強盗発生率などには常に目を配っておく。つまり、強盗事件が増えてきたら、ミッションを中止して、さっさと撤退するのである。ジョセフには、チーム全員の安全を守る責任と義務があり、それは本来の目的である医療活動を続けるよりも優先される。

では、われわれが現地で雇った、門番やナイトガードはなにをやっているのかというと、いわゆる「飾り」である。われわれのオフィスには、いつも 10 人以上の人間が夜中も働いており、夜でも明かりがついて仕事をしているので、泥棒に入りにくい、と思わせるだけの「ポーズ」なのである。

実際には、強盗がやってきても、強盗が拳銃を持っていた場合、ナイトガードたちは命を張ってわれわれを守ったりせずに、「はい、どうぞ」と言って、金庫のところまで強盗さまを連れていくことになっている。次にジョセフが呼ばれて、金庫の鍵を開けてあげて、中身のお金を全部あげてしまうのだ。パソコンなどの貴重品も、全部あげてしまう。

バカみたいだと思うかもしれないが、武力をもたない MSF としては、これが精一杯の安全の維持なのである。一部のほかの NGO は、自ら武装している組織もあるが、MSF の場合は、「武器は武器を呼ぶ」との考え方のもと、武装したりしないことになっている。そもそも、武装したところで、戦闘のプロである反乱軍あがりの強盗に、勝てるわけがなく、お金といっしょに命までとられるだけだからである。

なお、こうした事態になった場合、白人や日本人の女性スタッフは、強姦されることが多い。国際協力をやりたい女性の医師や看護師で、この本を読んでいる人は多いと思うが、忠告のために、あえて書いておく。国連や政府系の国際協力団体（ジャイカなど）の場合、武装した軍隊（国連軍や政府軍など）に頼んで守ってもらうことが多い。だが、現地住民との「近接性（proximity：人間関係が親密であること）」を重視する NGO の場合、武装しないことが多い。しかも、こうした紛争地帯で活動する場合、どうしても強盗に押し入られるリスクは、ゼロにはできない。つまり、女性で国際協力をやりたい人の場合、「強姦される可能性もある」という認識と覚悟がないのであれば、少なくとも、紛争地帯に、NGO の立場で行くことは、お勧めできない。なお、強姦された場合、精神的なショックだけでなく、肉体的にも、妊娠の可能性、エイズなどの不治の病の感染のリスクが発生する。

さて、話を元に戻そう。われわれが９月末にマグブラカ病院を視察に来たときは、その荒れように目を見張った。天井には大きな穴があき、患者たちは床の上に直に寝そべっている。ベッドもなにもない。

また、水すら十分になかった。以前からある井戸は内戦で半分壊れており、思うように水が出ない。トイレは、病院の庭でおこなうため、悪臭がするだけでなく、１人が下痢などの病気をもっていると患者全員に感染していく。人々は結局、マラリア、肺炎、下痢などの病気にかかったまま、十分な治療を受けられず、ただ死んでいった。

そう。９月当初、このマグブラカ病院は、病院とは名ばかりの「地獄の一丁目」だったのである。

こうした状況の背景には、この病院には十分な医療スタッフがいないことがあげられる。医師はドクター・フォーリーしかいないのだが、彼は、鼠径ヘルニアの手術などの、お金がもうかる病気の患者しか、相手にしない。貧乏な患者は、ないがしろにされていた。看護師長（政府からこの病院に配属された正式な女性看護師）は１人いたが、総師長室という偉そうな部屋でえばっているだけで、病棟に来ない。ナース・エイド（看護補助員）と呼ばれる、なんの資格ももっていない人々が、外来や入院病棟で、患者の面倒をみているのである。患者が死んだときでさえ、医師も看護師長も呼ばれず、死体をナース・エイドが病院の庭に埋めるだけだ。

だが、こうした状況でも、ドクター・フォーリーらを悪く言うのは筋違いである。この国では医者になれる人は年間 10 人程度（当時）しかおらず、医者というのは超エリートの高級官僚であるからだ。だから日本の病院のように、毎日入院している患者さんのところに回診に来ることはない。この国では医師はだれでもそうなのだから、彼だけが悪いわけではないのである。

ともかく、このマグブラカ病院は、病院の建物自体も壊れていれば、上水道に相当する井戸も壊れており、下水道に相当するトイレが存在しなかった。よって、ロジスティッシャン（物資調達運搬係）であるロビンソンの仕事の第一は、まずこれらの病院の施設を修復することにあった。

また、ロジスティッシャンのほかの仕事には、首都にある本部との常時および緊急時の連絡と、輸送手段（時には緊急脱出手段）である「車の位置」の把握もある。

基本的に戦闘がいつまた始まるか予断を許さない状態なので、通信用ラジオの前には常にロジスティッシャン本人か、もっとも信頼のおける現地人スタッフであるラジオ・オペレーターが座っていることになっている。

また、いつ緊急脱出命令が来てもよいように、われわれ国外からやってきたスタッフは、常に車といっしょに行動しているはずなのだが、実際本当にそうなっているか、見落としがないかをチェックするのも彼の仕事である。車の数は、それぞれの州のチーム（5人程度で構成される）に2～3台割りあてられている。われわれのチームは、10月初旬現在、まだ2台しか持っていない。このため、1台が首都フリータウンへ医薬品などの医療物資を受け取りに行くと、もう1台はマグブラカに残って国外スタッフといっしょに滞在しなければならない。この場合、重症の患者を発見しても、ボーなどの病院に患者を転送することはできない。車がない状態でもし戦争が始まったら、それはすなわち、そのまま「チーム全員の死」を意味するからだ。ともかく、ロジスティッシャンの最大の任務は、安全管理（危険回避）に直結する通信装置および移動手段（車）の管理なのである。

また、現地人スタッフを雇い、不真面目なら解雇し、われわれ外国人スタッフの（快適な）居住空間や食事などの生活一般を整えるのも、彼の仕事だ。そのほか、およそ雑用と名のつく仕事をロジスティッシャンは一手に引き受けることになる。

こう書くと、大変なだけでつまらなそうな仕事だと思うかもしれないが、もっとも大事な仕事だともいえる。なんでかというと、このロジスティッシャンが無能だった場合、薬は病院に届かず、われわれの食事もままならず、雇われる現地のスタッフも使えない人間ばっかり……という結果になりかねない。要するに、われわれの活動が成功するかどうかの成否がかかっているのは彼の手腕次第なのである。

（山本敏晴『世界で一番いのちの短い国――シエラレオネの国境なき医師団』pp.108-124, 2012年, 小学館文庫）

＊縦書きを横書きにするにあたり、漢数字をアラビア数字にした。

読み物5

「第３章　ことばの力　(2)
現地の文化　秘密結社の、イニシエーションってなに？」（後半）

では次に私、トシのここでの仕事の予定を記載しておく。これに関しては、２つのことを書かなければならない。１つは、MSF から依頼された活動内容。もう１つは、私の個人的な国際協力の理想を実現するための活動内容だ。

MSF から依頼された私の活動内容は次の通り。
①トンコリーリ州における MSF の医療活動全体に対する責任をもつ。
②辺境部に、地域に密着した５か所前後の小さい診療所を作る（一次医療）。
③中央で、州立病院を復活させる（入院や手術のできる二次医療の再開）。
④小児科および産婦人科に重点をおき、その医療状況を改善させる。
以上の４点である。

これに対し、私が個人的におこないたいと思っていた活動は、半年たって私が日本に帰ったあとも、私がいたときと同じぐらいの医療レベルが維持できるように、現地のスタッフを徹底的に教育することだ。私がいかに医者として、一生懸命にがんばっても、やがて日本に帰ってしまって、「はい、さようなら」ではあまり意味がないと思っている。私一人の自己満足に終わってしまうような気がした。やったことが無駄にならないようにするには、現地スタッフを徹底的に教育し、私が帰ったあとも（MSF が撤退したあとも）、私がいたときと同じレベルの医療を、未来永劫、維持できるようにしなければならないと考えていた。

この理想を実現するために、私は自分なりの教育システムを作っていくことを計画していた。私は日本にいたときに、某看護学校の講師をしていた経験があり、教育に関するマニュアルは自分の中にもっていた。それをフルに引き出して、自分なりの教育プランを作っていくことにした。

しかし、これを実行するためには、その前にいくつかのことを確認しておかねばならない。われわれチームのボスであるジョセフに、私の個人的な教育計画を実行してよいか、確認をとらねばならない。基本的に私は、チーム全体のシステムを守ることも重視していた。私は、ジョセフに聞いた。

「私は国際協力で一番大事なのは、『未来に残すための教育』だと思う。MSF から言われた仕事をやった上で、余った時間に、私は自分の理想である教育をしたい』

と正直に話した。すると、ジョセフは、あっさり OK してくれた。

「トシ、私は大賛成です。私も現地の人に教育をすることは大変重要だと思うし、なによりそもそも MSF の活動指針の後ろのほうにも、一応、教育することも書いてはあるのです。しかしみんな、日常の診療という忙しさにかまけて、それができていないだけなのですから。トシ、あなたができると言うなら、やってごらんなさい。マイル 91 であなたが朝 6 時から夜まで、土日もなくずっと働いていたのを私は知っています。あなたなら、きっとできることでしょう」

これを受けて、私の教育計画は発動するにいたった。しかし、まだ教育プロジェクトは白紙である。なんでかというと、彼らの教育レベルや衛生レベルなどを知らないと、どこからどう教えてよいかもわからないからだ。

私の国際協力の方針は、「未来に残すための教育重視」のほかにもう 1 つあり、それはその国の文化、風習、宗教などを把握してから、その国の未来にとってどうすることがもっとも適切なのかを、「彼らと同じ視線」で考えてみること、である。

つまり、国外から突然やってきたわれわれが、現地の人々に対して、われわれがこうやっているのだから、君たちもこうやりなさいと無理やり押しつけていく形の国際協力には、私はどうしても納得できないのだ（このことが、もともと、私が国際協力全般に対して懐疑的であり、偽善だと思っていた最大の理由だった）。

このために、私は教育を始める前に、まず現地文化を把握していくことに着手した。このシエラレオネという国、そしてこのトンコリーリ州という特異的な風土について勉強していこうと思った。

その一環として、私はトンコリーリ州の住民の多くが話す、ティムニ語の勉強を続けていった。このティムニ語には、文字がなく、したがって辞書や教科書がないので、習得は困難だった。このため、まず自分で（簡単な）辞書を作ることから始めた。

マグブラカ州立病院の改装工事が進むなか、私は病院に足しげく通い、中でうろうろしているナース・エイドたちの名前を必死になって覚えていた。言葉を覚えるには、まずは

PORTFOLIO

ポートフォリオ

p.2 ユニット1 ▼4	p.4 ユニット2 ▼4	p.5 ユニット3 ▼5	p.6 ユニット4 ▼3	p.7 ユニット5 ▼3
月　日	月　日	月　日	月　日	月　日

p.8 ユニット5 ▼4	pp.9-10 ユニット5 ▼4	pp.11-12 ユニット6 ▼4	p.13 ユニット6 ▼5	p.14 ユニット7 ▼1
月　日	月　日	月　日	月　日	月　日

p.15 ユニット7 ▼1	pp.16-17 ユニット8 ▼2	pp.18-19 ユニット9 ▼2	pp.20-21 ユニット10 ▼1
月　日	月　日	月　日	月　日

名前：［　　　　　　　　　　　　　　］

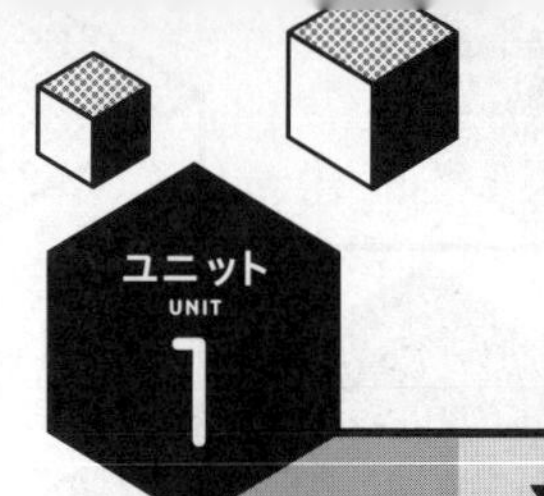

p.4

4 書いてみよう

年　月　日

名前：

貧困とは何か

貧困とはどのようなものか、貧困の原因や背景は何か、貧困をなくすためにどのような方法があると思うか、自分に何かできそうなことがあると思うかについて、書いてください。

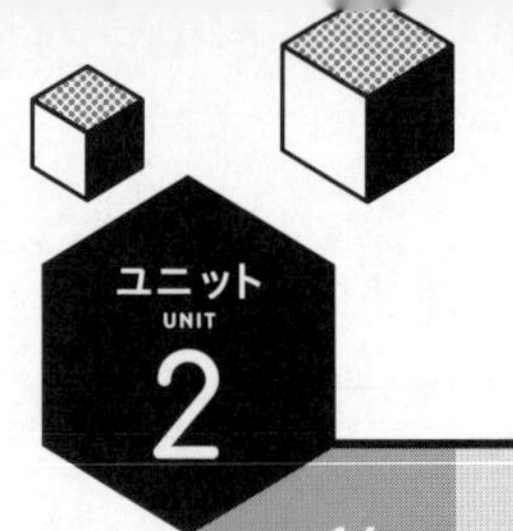

4 書いてみよう

年　　月　　日

名前：

ポレポレ村で起こった出来事

下のマンガを見て、「ポレポレ村」で起こった出来事についてのストーリーを書いてください。

（日本放送出版協会（2008）『NHK 地球データマップ 世界の今から未来を考える』，pp.28，NHK 出版）

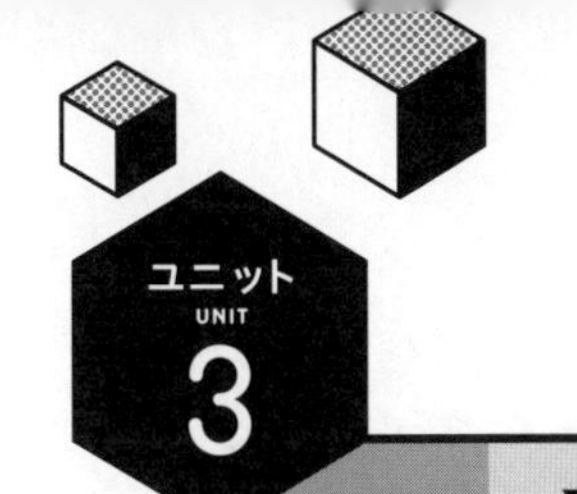

p.22

5 話し合ってみよう

年　月　日
名前：

ふり返り ポスター発表を終えて

❶ シエラレオネについて、初めて知ったこと、驚いたこと

❷ ポスター発表をしたり聞いたりして、考えたことや感じたこと

発表資料 『世界で一番いのちの短い国』レジュメ

タイトル ＿＿＿＿＿＿＿＿＿＿＿＿＿＿＿＿＿ （p.　　～p.　　）

年　月　日
名前：

発表

発表の書記シート

◆ 書記シート：書記になった人は説明のあとの質問の内容を記録してください。

読み物［３・４・５］　説明者：＿＿＿＿　書記：＿＿＿＿

	質問した人	内容
1		
2		
3		
4		
5		

読み物［３・４・５］　説明者：＿＿＿＿　書記：＿＿＿＿

	質問した人	内容
1		
2		
3		
4		
5		

読み物［３・４・５］　説明者：＿＿＿＿　書記：＿＿＿＿

	質問した人	内容
1		
2		
3		
4		
5		

p.73

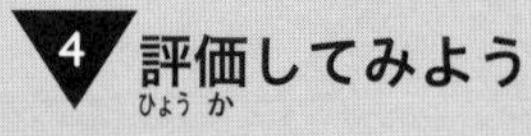

年　月　日
名前：

発表の自己評価シート

◆読み物［３・４・５］

	評価	まったく あてはまらない				とても あてはまる
1	発表準備（レジュメ・練習）が十分できた	1	2	3	4	5
2	内容をわかりやすく伝えることができた	1	2	3	4	5
3	聞き手に自分の考えや思いを伝えられた	1	2	3	4	5
4	今回の内容に興味を持った	1	2	3	4	5
5	今回の内容は自分に影響を与えたと思う	1	2	3	4	5

＜わかったことを確認しよう＞

❶ この部分で著者が伝えたいと思っている点（重要な点）は何だと思いますか。

❷ もっと説明が必要だと思ったところ

❸ 今回の内容への疑問・感想

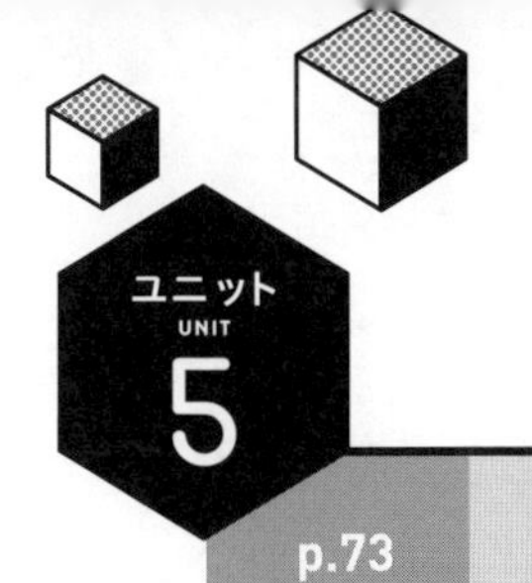

4 評価してみよう

年　月　日

名前：

評価　発表の他者評価シート ①

◆読み物［ 3・4・5 ］

	評価	まったく あてはまらない				とても あてはまる
1	発表準備（レジュメ・練習）が十分できていた	1	2	3	4	5
2	内容をわかりやすく伝えることができていた	1	2	3	4	5
3	発表者の考えや思いが伝わった	1	2	3	4	5
4	今回の内容に興味を持った	1	2	3	4	5
5	今回の内容は自分に影響を与えたと思う	1	2	3	4	5

<わかったことを確認しよう>

❶ この部分で著者が伝えたいと思っている点（重要な点）は何だと思いますか。

❷ もっと説明してほしかったところ

❸ 今回の内容への疑問・感想

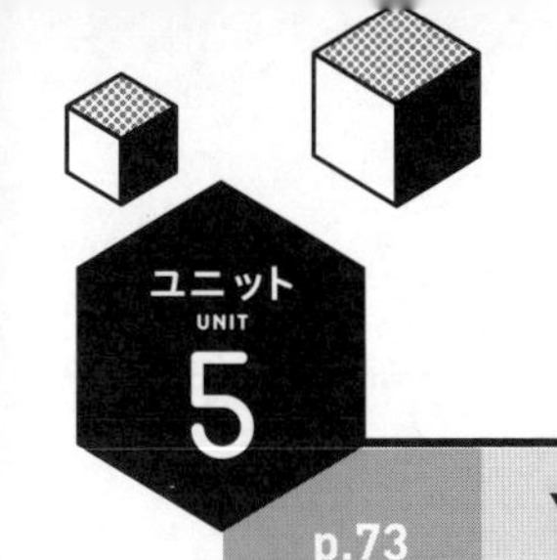

年　　月　　日

名前：

評価　発表の他者評価シート ②

◆読み物［3・4・5］

	評価	まったく あてはまらない				とても あてはまる
1	発表準備（レジュメ・練習）が十分できていた	1	2	3	4	5
2	内容をわかりやすく伝えることができていた	1	2	3	4	5
3	発表者の考えや思いが伝わった	1	2	3	4	5
4	今回の内容に興味を持った	1	2	3	4	5
5	今回の内容は自分に影響を与えたと思う	1	2	3	4	5

<わかったことを確認しよう>

❶ この部分で著者が伝えたいと思っている点（重要な点）は何だと思いますか。

❷ もっと説明してほしかったところ

❸ 今回の内容への疑問・感想

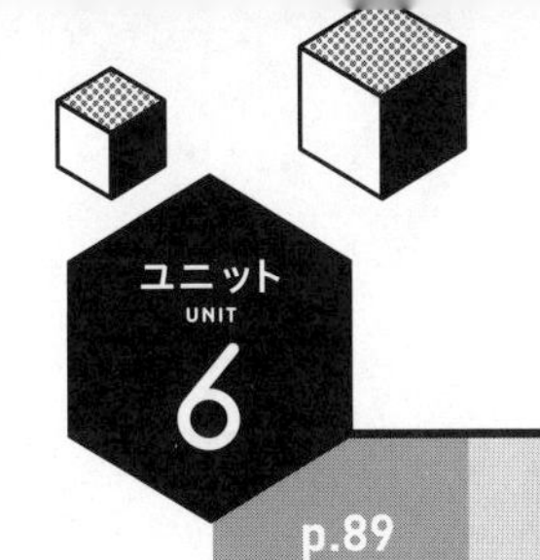

p.89

4 資料を読んでまとめてみよう

年　　月　　日
名前：

社会起業家の取り組み

あなた（あなたのグループ）はどのような活動を紹介することにしましたか。
あなたが興味を持った取り組みについて以下を確認しましょう。

❶ 担当する本（社会起業家・活動）は何ですか。
タイトル：『　　　　　　　　　　　　　　　　　　　　　　　　　』

❷ 本（活動）の内容についてまとめましょう。
(1) 本で紹介している社会起業家はどのような人ですか。

(2) 本ではどのような活動を紹介していますか。その活動は、どのような問題意識をもとに始まりましたか。

（次のページにつづく）

(3) 本を通して著者や活動をしている人たちが伝えたいこと（メッセージ）は、何だと思いますか。

(4) この本を読んでどのようなことを考えましたか。

(5) 発表のあと、聞いている人たちと話し合いたいこと（ディスカッション・ポイント）は何ですか。

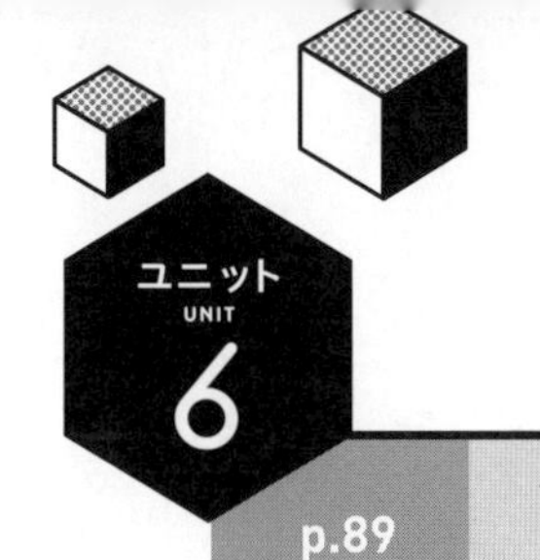

p.89

5 発表の計画を立ててみよう

＿＿＿＿年＿＿＿月＿＿＿日

名前：＿＿＿＿＿＿＿＿＿＿

発表準備 発表までの計画を立てる

発表内容が決まったら、発表日までに計画的に準備を進めることが大切です。
まずは、発表日と時間配分を確認しましょう。

❶ 発表日：＿＿＿月＿＿＿日＿＿＿曜日
発表時間＿＿＿分　＋　質疑応答＿＿＿分　＋　ディスカッション＿＿＿分

❷ 発表までのスケジュール
発表までのスケジュールを考えます。グループ発表の場合、メンバーで負担がかたよることのないように、協力して準備しましょう。
スライドを作ったあとは、時間内で発表できるように必ずリハーサルをしてください。

発表までのスケジュール（例）

■ 本を読んでまとめる　＿＿＿月＿＿＿日 ～ ＿＿＿月＿＿＿日
↓
■ スライド作成　＿＿＿月＿＿＿日 ～ ＿＿＿月＿＿＿日
↓
■ スライドチェック・修正　＿＿＿月＿＿＿日 ～ ＿＿＿月＿＿＿日
↓
■ 発表練習、リハーサル　＿＿＿月＿＿＿日 ～ ＿＿＿月＿＿＿日
↓
■ 発表日　＿＿＿月＿＿＿日

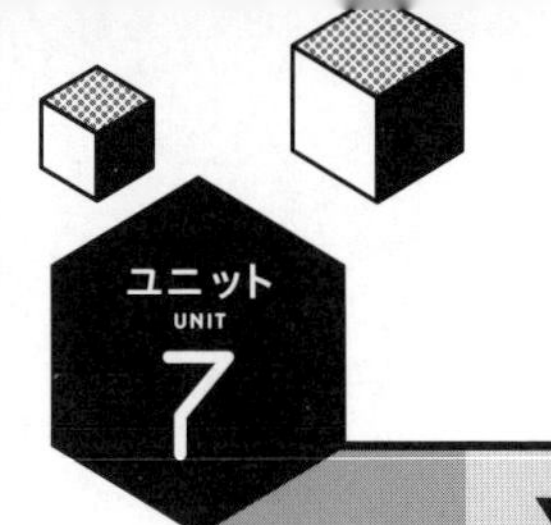

年　月　日

名前：

評価 評価項目 ①

発表タイトル：

発表者：

評価方法：まったくできていない　1 − 2 − 3 − 4 − 5　よくできている

	評価項目	評価
1		1　2　3　4　5
2		1　2　3　4　5
3		1　2　3　4　5
4		1　2　3　4　5
5		1　2　3　4　5
6		1　2　3　4　5

コメント

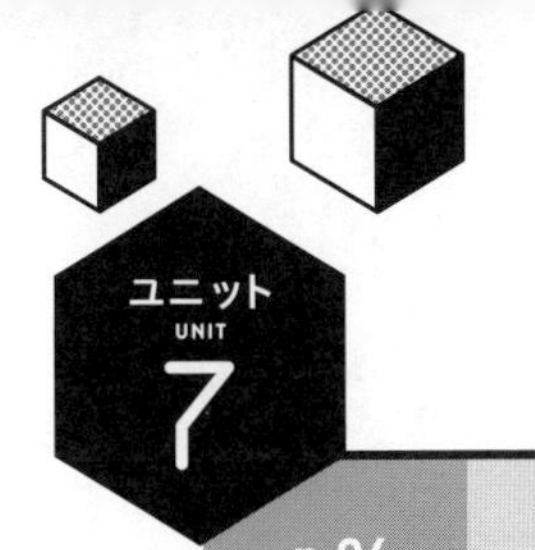

p.96

1 話してみよう

年　月　日

名前：

評価 評価項目 ②

発表タイトル：＿＿＿＿＿＿＿＿

発表者：＿＿＿＿＿＿＿＿

評価方法：まったくできていない　1－2－3－4－5　よくできている

	評価項目	評価
1		1　2　3　4　5
2		1　2　3　4　5
3		1　2　3　4　5
4		1　2　3　4　5
5		1　2　3　4　5
6		1　2　3　4　5

コメント

年　　月　　日
名前：

発表　社会起業家の取り組み ①

❶ 発表を聞いてまとめましょう

社会起業家：＿＿＿＿＿＿＿＿　発表者：＿＿＿＿＿＿

1. どのような人たちを支援の対象にしていますか。

2. どのようなソーシャル・ビジネスのシステム（仕組み）を作りましたか。

3. 発表を聞いてよくわからなかったこと、疑問に思ったことをメモしましょう。

❷ ディスカッション

4. ディスカッション・ポイントについて、あなたの考えをまとめましょう。

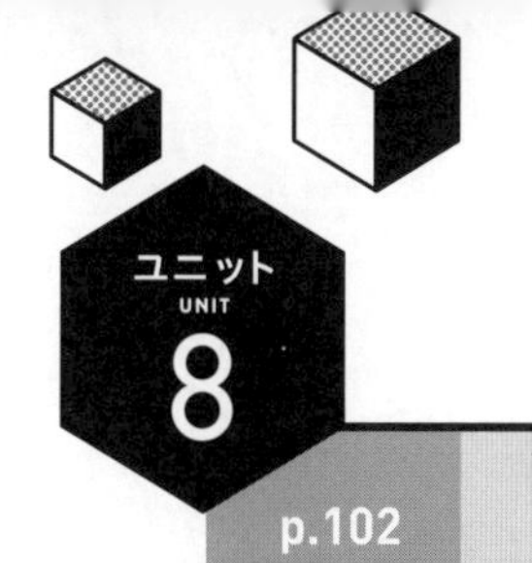

p.102

2 発表してみよう・聞いてみよう

年　　月　　日

名前：

発表　社会起業家の取り組み ②

❶ 発表を聞いてまとめましょう

社会起業家：＿＿＿＿＿＿＿＿＿＿　発表者：＿＿＿＿＿＿＿＿＿＿

1. どのような人たちを支援の対象にしていますか。

2. どのようなソーシャル・ビジネスのシステム（仕組み）を作りましたか。

3. 発表を聞いてよくわからなかったこと、疑問に思ったことをメモしましょう。

❷ ディスカッション

4. ディスカッション・ポイントについて、あなたの考えをまとめましょう。

年　月　日
名前：

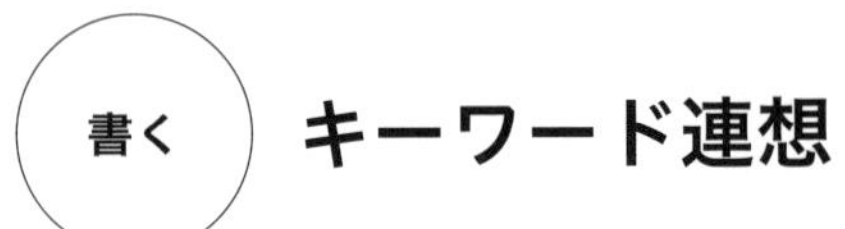

キーワード連想

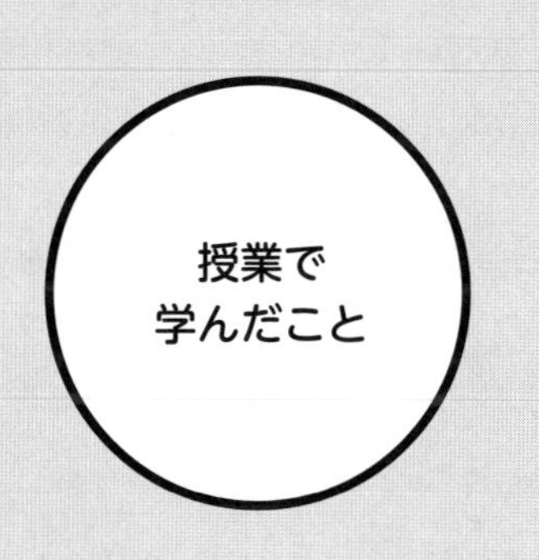
授業で
学んだこと

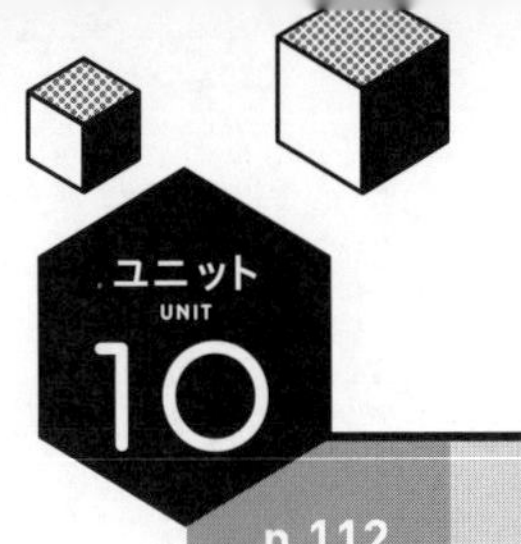

p.112

1 書いてみよう

年　月　日

名前：

貧困とは何か

貧困とはどのようなものか、貧困の原因や背景は何か、貧困をなくすためにどのような方法があると思うか、自分に何かできそうなことがあると思うかについて、書いてください。

memo

修了証

殿

あなたは、『「日本語×世界の課題」を学ぶ
日本語でPEACE［Poverty 中上級］』
を学んだことを、ここに証します。

年　月　日

一人一人と仲良くなることが基本であり、それにより、うまくコミュニケーションが成立するようになる。そうして一人一人から少しずつ情報が入ってくることで、この国の文化や風習が徐々に理解され、この国の全体像が私の頭の中にできあがっていく。だから、ともかく、病院にいる60人あまりのナース・エイドの名前を覚えることにした。

白人が日本に来ると、「日本人はみんな同じ顔に見える」と言うことが多い。で、私がこの国に最初来たとき、やっぱり、黒人はみんな同じ顔に見えた。当初マイル91で言葉のしゃべれなかった私には、冷たい視線を私に向ける彼らの表情が、同じに見えていたからだ。

しかしながら、このマグブラカに来てからは様子が違っている。私はすでに、ある程度ティムニ語をしゃべれるので、スタッフの反応が柔らかい。少なくとも、「知らない外人がやってきたのを遠くから白い目で見ている」といった雰囲気はなかった。

私は毎朝、「ディーライ・セーケー（おはよう）」と挨拶をし、体を使ったギャグをかまし、なんとか友好的な関係になるように努めた。なんだかわからない外国人が、ある日突然やってきて、わけのわからないうちに大量のお金と薬をくれて、ある日、突然帰っていった……というような国際協力は、絶対したくなかったからだ。

そうはいっても、60人を超えるスタッフの顔と名前を一気に覚えるのは大変だった。そんななか、彼ら一人一人を認識するために私が使っていたのは、髪型だった。ナース・エイドの7～8割は女性であり、この国の女性もおしゃれが大好きだった。つまり、一人一人がそれぞれ非常に特徴的な髪型をしており、印象的だったからだ。蚊取り線香のように、ぐるぐる渦を巻いているものや、小さい三つ編みが頭の周りから360度、数十本生えているもの。日本の男性がやる七三分けのようなものや、オールバックのようなもの。本当に見ていて飽きないのである。私は、この髪型を目印に名前を覚えていった。

病院スタッフと仲良くなるのは、ほかにもいろいろなメリットがある。この地域でのさまざまな医療上の問題点が、明らかになっていったのである。

その一つが、伝統医療である、「ハーバル・メディシン」（薬草、ハーブを使った医療）である。この伝統医療を実施しているのは、この地域で社会的に重要な地位にある祈禱師（きとうし）（？）であり、その村、その部族の中で尊敬されている存在であることが多い。患者たちは、病気になると、まずそこへ出かけていき、いろいろな宗教的なお祈りを施され、最後に薬草をもらうのである。で、それが中国の漢方薬のように、まずまず効くならよいのであるが、この国のハーバル・メディシンは、効かない。ほとんど効かない。それどころか、患者を殺すことさえあるのだ。要するに、こうした類(たぐい)の治療に用いられるものは、激烈な薬草であることがあり、素人が使うとまず間違いなく患者の容態は悪化する。ところが、一方で、こうした治療により、たとえ死んだとしても、人々は「神様が苦しみをとってくれたのだ……」と納得（？）しながら死んでゆくというのである。

また、「大地の精霊からの恩恵」に関する問題も深刻だった。これは、妊婦が出産をした際に、臍帯(さいたい)（へその緒）を切断したあと、その新生児側の切断端を地面にこすりつける習慣である。この切断端は腹腔(ふくくう)（お腹の中）と直接つながっており、ばい菌がつくとあっという間に感染が広がってしまう。だから本来消毒してきれいにしておかなければならない部分だ。最悪のケースは、土壌中にすむ破傷風菌が感染してしまう場合だ。新生児に破傷風が発症すると、その致命率は（WHO によれば）90 パーセント以上といわれている。要するに、ほぼ全滅するのだ。この事実は、この国の乳児死亡率が世界ダントツの 1 位となっている理由の 1 つではないかと思っている。

この国の問題点は、これだけではなかった。もっととんでもないことがおこなわれていたのである。それは、「シークレット・ソサイアティー」に関係する話だ。このシークレット・ソサイアティーというのは、日本語に訳すと「秘密結社」となってしまうのだが、日本人が、その言葉から受けるイメージとは、内容は大きく異なる。

基本的に「シークレット・ソサイアティー」とは、現地の「伝統・文化集団」のようなもので、お祭りをいっしょにやったり、宗教行事をいっしょにしたりするだけで、べつに麻薬の密売をやったり拳銃などの不法所持をしているわけでもない。

だが、ちょっとした特殊性がある。それは、彼らの地域社会では、その風習、慣習をいっしょにやっていくような立場になるために、「成人（おとな）になるための儀式」があるのである。それを通過しなければ大人になったとみなされないのだ。こうした儀式は「イニシエーション（成人への導入）」と呼ばれる。そうした儀式を通過したあとは、その地域社会から受け入れられ、社会的に信用されるようになり、結婚できるようになり、仕事をまわしてもらえたり、宗教行事に呼んでもらえたりするようになる。つまり秘密結社とは、こうしたイニシエーションなどの儀式を実施し、社会生活の規範を作っている地域密着型の文化・慣習団体といっていいだろう。

だが、その「儀式」が問題なのである。1つは、生まれた男の子に対する割礼（ペニスの包皮を切除すること）だ。この行為自体は、イスラム圏やアフリカなら、まずどこでもやっていることなので、まあよい。だが問題は、それに用いられるナイフだ。この国には義務教育がないため、衛生という概念がない（ばい菌の存在を知らない）。このため、ほかの男の子の割礼をしたナイフで、そのまま洗わずに、次の子の割礼もする。だから、だれか1人が、エイズやB型肝炎や梅毒をもっていると、全員がそれに罹患する可能性があるのだ。

だが、これもまだよい。問題はここからだ。アフリカ諸国では、女性が大人になっていく過程で、「性器切除（女子割礼）」という儀式を受ける風習がある。簡単にいうと、女性の性器の一部を切り取ってしまう儀式だ。これには3つのグレード（切除範囲の広さ）がある。一番軽いのは、陰核（クリトリス）だけを切除するもの。二番目が、陰核と小陰唇を切除するもの。三番目が陰核と小陰唇を切除したあと、縫合する（縫い合わせてしまう）もの。これを「陰門封鎖」と呼ぶ。

そして、シエラレオネの女性が、大人になるために、この性器切除を受けている割合は、なんと94%である（WHOによると）。要するに、ほとんど全員である。

まだましだったのは、この西アフリカでは、性器切除に関しては（比較的、その程度が）軽いほうで、一番目と二番目がおこなわれているようだった。三番目に相当する重度の性器切除（陰門封鎖）は、東アフリカのソマリアなどを中心におこなわれている。

だが、軽いといっても、この問題はやっぱり重大である。1つは、同じナイフで複数人の手術（？）をするため、エイズや肝炎が蔓延すること。次が、性器切除された女性は、その部分が瘢痕となり、癒着し、堅くなること。つまり、将来子どもが出てくる通り道が狭く、細く、堅くなってしまうのである。このことは、分娩時間の遷延をきたし、ただでさえ高い出産時の妊産婦死亡率と新生児死亡率を、よりいっそう引き上げてしまう、と考えられる。

こうした事実を知って、私は当初、驚愕した。これは本当に大変だと思った。なんでかというと、一応、医者の立場としては、そんなこと、医学的にとんでもないし、命が危ないからやめなさいと言えばよいのだが、そう簡単にいかないことを私は頭の奥のほうでわかっていたからだ。

私の信条として、国際協力というのは、外から来た外国人たちが、自分たちの勝手な価値観で、資本主義、民主主義、西洋医学などを、無理やり現地の人たちに押しつけていくべきではないと思っている。彼らの世界に行ったら、まず彼らの文化、風習を把握し、彼らと同じ視線になって、本当にこの国の未来をよくするためにはどうしていくことがもっとも適切であるかを、考えていくべきだと思っている。

西洋医学の知識をもつ私が、「そんなことは不潔だし、危険だからやめなさい」と言うのは簡単だが、それでは数千年続いてきた彼らの歴史・文化を否定することになりかねない。基本的に「祈禱師の存在」は、彼らの社会にとって精神的な支柱であり、社会全体の安定を保つために一役かっている。イニシエーションの問題も、成人になっていく儀式として、みんなが受ける共通の苦労のようなもので、それをいっしょに受けたからこそ、親密な友達どうしになれるという側面もあるのかもしれない。それに第一、このイニシエーションを受けないと、男も女も成人とみなされず、結婚もできない。下手をすると村八分である。

結局、私にはどうしたらよいかわからなかった。一応、「われわれが彼らの文化を、無理やり変えていくことがよいとは思わない。しかしながら、これこれこうすることは、医学的（科学的）に、このような危険性がありますよというように、彼らにわれわれのもつ情報を伝える。そしてさらに現地の伝統文化と、西洋文明との中庸案になるような選択肢も複数を紹介する。その上で、最終的に、どのような選択肢を選ぶかは、彼ら自身の判断に任せる」というのが、よいのではないかと思った。

さて、こうして現地の文化を勉強していくと、彼らとはだいぶ親しくなっていき、ついには髪型などに頼らなくとも、一人一人が認識できてくる。当たり前だが、日本人と同じように、一人一人違う考え方をしており、明るい人も、暗い人も、真面目な人も、怠慢な人もいる。シエラレオネ人といっても、まったく違う個性のかたまりであり、一概にこの国の人を語れないな、と思ってくる。

そうしたなかで、私には、2人の親友ができた。1人は、最初に言葉を教えてくれたティンボである。彼は私のティムニ語の先生で、なおかつ、われわれの住むMSFオフィスを守ってくれているナイトガードだ。半分居眠りしてるけど（笑）。もう1人はカルロスだ。彼は、私の熱帯医学の先生であり、一方で、私の現代医学の生徒でもあった。

文化の違いを前に、私がとまどっていると、ティンボはいつも言ってくれる。

「だいじょぶー、だいじょぶー、かみさまにおねがいすればなんでもだいじょぶー」

私が疲れた顔をしていると、カルロスがこう切り出す。

「トシは、女を作んなきゃだめだよ。俺が紹介してやるから、いつでも言ってくれ」

こうした彼らの助言（？）を聞くと、私は思わず吹き出してしまい、また次の日から必死にがんばっていこうと思うのである。

さらには、国境を越えて尊敬できる人物にも出会った。病院の管理者である、バスコ事務長という人物だ。彼は50歳を超えた現地人だが、内戦で混乱する状況の中、お金持ちなのに逃げ出さず、単身この病院に残り、運営を一手に引き受けていた。逃げ出してしまった医者と看護師の代わりに、近隣の人々からナース・エイドとなれる人材を選び出し、彼らを病院で働かせていたのは、彼であった。選ばれた人物たちは、この義務教育のない国にあっても、まがりなりにも英語をしゃべり、まがりなりにも算数ができる、比較的優秀な人間たちだったのである。また、彼はシークレット・ソサイアティーの重鎮でもあり、西洋医学の導入に理解を示す彼は、この地域の性器切除が過度にならないように進言をしていた。つまり、この地域の性器切除が、ソマリアほどひどくないのは、彼のおかげでもあったのである。こうした「西洋医学と地域の伝統とのバランスをとっていくこと」は、私の最終目標の１つであったのだが、それを彼は、現地人でありながら、すでにやってしまっていたのである。この狭くて小さいシエラレオネしか知らない身でありながら……。

彼と出会えたことは、私にとって本当に幸運だった。私がいくら、現地の文化を理解し、対等の立場で本当に未来に役立つことを考えようと言っても、義務教育すらないこの国では、やっぱり、はっきりいって、教育レベル的にはものすごく低く、どうしても自分（私）のほうが上だと思ってしまいがちになる。だが、このバスコ事務長に出会い、私の考えは一変した。アフリカにも素晴らしい人物はおり、高い意志をもち、誇り高く自分の仕事を実行している人物がいる。このことは、私がこの国にいる間、ずっと頭の中に存在し続け、私に勇気を与えてくれた。われわれが無理やり西洋型のシステムを強制していかなくても、彼らは、彼らなりのやり方で、自分たちの未来を変えていける。そう信じることは、私の信念と重なり合い、この後、この国で活動する私の精神を支えてくれることになっていく。

（山本敏晴『世界で一番いのちの短い国――シエラレオネの国境なき医師団』pp.124-136, 2012年, 小学館文庫）

＊縦書きを横書きにするにあたり、漢数字をアラビア数字にした。

3 発表してみよう

➘「DL ポートフォリオ」

レジュメを使った発表と質問

作成したレジュメを使って発表してみましょう。発表時間は、1 人あたり 10 ～ 15 分です。レジュメばかり見ずに、ときどき聞いている人のほうを見ながら話しましょう。

＜発表の流れ＞

① 司会者、書記（質問をメモする人）、タイムキーパー（必要に応じて）を聞く人から各 1 名選ぶ。

Point

司会者は、発表や質問の時間を管理したり、質問するように声をかける係だよ。司会者も質問したり感想を話してもいいよ
書記は、発表のあとに出た質問を記録する係だよ。あとで他のグループにシェアしてもいいね

➘「別冊ポートフォリオ」p.7

② **発表する人** 担当パートの内容を説明する。＜ 10 分程度＞
最後に、本文を読んで気づいたことや感想を話す。
聞き手に考えてもらいたいことを問いかけるのもおすすめ。

Point

p.127「使える表現」を使って発表してみよう

③ **聞く人** 発表のあとで質問をしたり、感想や気づきを話したりする。
＜ 3 ～ 5 分＞

Point

内容を伝える気持ちを大切にね

評価してみよう

「別冊ポートフォリオ」pp.8-10

発表を評価し合う

発表したらすぐに自己評価をし、コメントを残しておきましょう。また、他の人の発表に対しても同じように評価し、コメントを書いてあげましょう。評価をすることは、これからの発表をよりよいものにするためにとても大切です。

Point

聞いた人も「自分がどのように理解したか」「どのように考えたか」を自己評価してみよう

5 話し合ってみよう

考えたこと・感じたこと

読み物 3 〜読み物 5 の中で一番印象に残っている点を取り上げ、感想を話し合いましょう。

（例）「内戦の問題」

「自分とは異なる文化の人々への支援のあり方」

6 もっと調べてみよう

世界の今

ある国・地域を選んで、どのような課題があるか調べましょう。

Point

世界では、現在どのような課題があるのかな？
インターネットや新聞でニュースを調べてみよう

のぞましい支援とは

『世界で一番いのちの短い国』（ユニット4、ユニット5）という本を書いた山本敏晴さんによると、シエラレオネには、医学的な常識とはまったく違う文化や伝統がたくさん残っているそうです。例えば、「大地の精霊からの恩恵」という、生まれたばかりの赤ちゃんのへその緒を地面にこすりつける儀式があります。これによって赤ちゃんは病気にかかることがあります。しかし、それを支援する人の価値観で「やってはいけない」と言うと、長い間その儀式を大切にしてきた人々の価値観を否定することになるかもしれません。

また、先進国の企業が、性能のいい蚊帳（寝る際に蚊から身を守る網）をたくさん寄付したことにより、その国で蚊帳を作っていた会社が倒産することになったという例もあります。その人たちは「外国の援助には勝てないよ」と言っていたそうです。このように、よいことだと思ってしたことが、人の価値観を否定したり、自立をじゃましたりすることがあります。

「何か役に立ちたい」という気持ちは行動を始めるときに大事なものです。それに加えて行動するときには「これは本当に相手のためになるかな」「相手はどう思うかな」「将来どうなるかな」と相手の立場に立って考えてみることが大切だと思います。

[語彙リスト]

・のぞましい	そうなってほしい／そうあってほしい
・医学的な常識	病気やけがについて、当たり前だと思われていること
・価値観	その人が大切にしている考えや思い
・性能のいい	良質の／品質がよい
・寄付する	お金や物をただであげる
・倒産する	お金が払えなくなって、会社がなくなる
・自立	他の人の助けなしで、自分の力でやっていくこと

2 読んでみよう：「読み物3」

ページ	語・表現	読み方	意味
p.53	政情	せいじょう	政治の動き／政治の状態
p.53	攻める	せめる	他の国に行って戦争をする・攻撃する
p.53	利権	りけん	利益が得られる立場や権利
p.53	策略	さくりゃく	人をだますように考えた計画
p.53	めぐらせる	めぐらせる	いろいろと考える
p.53	悪知恵	わるぢえ	悪い考え
p.53	非難を浴びる	ひなんをあびる	たくさん怒られる／たくさんせめられる
p.53	攻めこむ	せめこむ	他の国の中まで進んで戦争をする
p.53	汚職	おしょく	地位をつかってお金などを受け取ること
p.53	しかけ	しかけ	時間をかけて作った計画
p.53	腐る	くさる	とても悪い
p.53	賄賂	わいろ	利益を得たくて人にあげるお金やプレゼント
p.53	鉱山	こうざん	石(ダイヤモンドなど)がとれるところ
p.53	支配下	しはいか	ある国や組織に治められること・管理されること
p.53	はびこる	はびこる	悪いことが広がる
p.53	あながち～ない	あながち～ない	かならずしも～ない
p.53	黒幕	くろまく	かくれて計画をたて、人に命令する人
p.53	略奪する	りゃくだつする	無理やりぬすむ
p.53	密輸する	みつゆする	かくれて外国の人と物を買ったり売ったりする
p.53	兵器	へいき	戦争に使う道具
p.53	軍需物資	ぐんじゅぶっし	戦争に必要な物
p.53	席捲する	せっけんする	すごいスピードで国を自分たちのものにする
p.53	敗走する	はいそうする	負けて逃げる
p.53	宗主国	そうしゅこく	他の国を治める(支配する)国
p.53	軍事介入する	ぐんじかいにゅうする	国の中の戦争に他の国が参加する
p.53	駆逐する	くちくする	追い出す
p.53	英国	えいこく	イギリス／UK
p.54	おおざっぱな	おおざっぱな	こまかいところは考えない
p.54	現代史	げんだいし	今まで(現代)とこれからの歴史
p.54	乳児死亡率	にゅうじしぼうりつ	赤ちゃんのときに死ぬ確率・パーセント(%)
p.54	妊産婦	にんさんぷ	お腹に子どもがいる女性／うんだばかりの女性
p.54	ことごとく	ことごとく	すべて／全部
p.54	搾取する	さくしゅする	人を安いお金で働かせて、利益を得る
p.54	おとしいれる	おとしいれる	だまして苦しい立場にする
p.54	ひきいる	ひきいる	リーダーである
p.54	テロリスト	テロリスト	国や政治を変えるために暴力を使う人たち
p.54	資金源	しきんげん	活動のためのお金になるもの
p.54	報道する	ほうどうする	たくさんの人に知らせる
p.54	人権(を)蹂躙(する)	じんけん(を)じゅうりん(する)	人が持っている権利を無視して傷つけること
p.54	幾度となく	いくどとなく	何度も
p.54	麻薬	まやく	痛みを止める薬にもなるが、心と身体に悪い薬
p.54	注射する	ちゅうしゃする	針をさして体の中に薬を入れる
p.54	切りきざむ	きりきざむ	ナイフで小さく切る
p.54	確信犯	かくしんはん	悪いことだとわかっていて行うこと
p.54	保護する	ほごする	助けて守る
p.54	福祉	ふくし	人が安心して生活できるようにすること
p.54	介護する	かいごする	病気やけがをした人の世話をする
p.54	疲弊する	ひへいする	お金がなくなって国の力が弱くなる

ページ	語・表現	読み方	意味
p.54	監視する	かんしする	気をつけて見守る
p.54	底をつく	そこをつく	あったものが全部なくなる
p.54	襲う	おそう	急に来て暴力をふるうなど悪いことをする
p.55	誘拐する	ゆうかいする	人をだまして連れて行く
p.55	身代金	みのしろきん	連れていかれた人を家に帰すために払うお金
p.55	服用する	ふくようする	薬を飲む
p.55	皮膚	ひふ	人や動物の体の皮
p.55	まぶしこむ	まぶしこむ	よくぬる
p.55	ライフル銃	ライフルじゅう	銃の種類のひとつ／ねらったものに当たりやすい銃
p.55	自動小銃	じどうしょうじゅう	銃の種類のひとつ／簡単に使える銃
p.55	戦士	せんし	戦争で戦う人
p.55	ラリる	ラリる	麻薬のせいで頭が変になる
p.55	見境がない	みさかいがない	区別ができない
p.55	麻薬漬け	まやくづけ	麻薬を毎日たくさん使うこと
p.55	倫理観念	りんりかんねん	人は正しいことをすべきだという考え
p.55	道徳規範	どうとくきはん	人として守るべきルールがあるという考え
p.55	適応する	てきおうする	社会に合わせて人が変わることする
p.55	残虐性	ざんぎゃくせい	とてもひどいことをする様子・性質
p.55	帰還	きかん	帰ること
p.55	拒む	こばむ	ことわる
p.55	裁縫	さいほう	布を切って服を作ること
p.56	姦淫	かんいん	人として正しくないセックス
p.56	合間をぬって	あいまをぬって	ひまな時間を見つけて
p.56	懺悔室	ざんげしつ	自分がした悪いことを話して祈る教会の中の小さい部屋
p.56	責める	せめる	悪いことだと言って相手を怒る
p.56	対処する	たいしょする	問題をうまく終わらせる／解決する
p.56	要請する	ようせいする	必要だと強くたのむ
p.56	知らぬ存ぜぬ	しらぬぞんぜぬ	知らないふりをして
p.56	赴く	おもむく	行く
p.56	すさまじい	すさまじい	おどろくほどひどい／おそろしい
p.56	撃つ	うつ	銃を使う
p.56	刺し傷	さしきず	ナイフで切られたケガ
p.56	こめかみ	こめかみ	耳と目のあいだ
p.56	強要する	きょうようする	したくないことを無理にさせる
p.56	中絶	ちゅうぜつ	生まれてこないように子どもをおなかの中から出すこと
p.56	子宮	しきゅう	体の中の子どもを育てるところ
p.57	見世物	みせもの	多くの人におもしろがって見られるもの
p.57	情操教育	じょうそうきょういく	すばらしいものに感動する心を育てること
p.57	一環	いっかん	全体の中のひとつ
p.57	口論	こうろん	話すだけで手や足は使わないけんか／口げんか
p.57	声をはりあげる	こえをはりあげる	大きい声を出す
p.57	混沌	こんとん	いろいろなことが同時に起きて混乱する様子
p.57	カオス	カオス	いろいろなことが同時に起きて混乱する様子
p.57	縮図	しゅくず	全体の様子をまとめたようなもの

2 読んでみよう：「読み物4」

ページ	語・表現	読み方	意味
p.58	招聘する	しょうへいする	仕事をお願いして来てもらう
p.58	気合を入れる	きあいをいれる	気持ちを集中する
p.58	山積み	やまづみ	山のようにたくさんある様子
p.58	爆弾	ばくだん	投げたり空から落としたりして人や物をこわすもの
p.58	破壊する	はかいする	こわす
p.58	入り放題	はいりほうだい	たくさん入るのを止められない様子

ページ	語・表現	読み方	意味
p.58	正規の	せいきの	試験など正しい方法での
p.58	まねごと	まねごと	プロではない人がプロと同じ仕事をすること
p.58	医療介入	いりょうかいにゅう	病院に関係がない人が病気やケガをなおすこと
p.58	快く	こころよく	うれしく
p.58	からむ	からむ	関係がある
p.59	帝王切開	ていおうせっかい	おなかを切って子どもをうむこと
p.59	鼠経ヘルニア	そけいヘルニア	病気の種類のひとつ
p.59	法外な	ほうがいな	ふつうよりも多すぎる
p.59	引き換え	ひきかえ	何か(お金など)をもらって代わりに何かをすること
p.59	独占的な	どくせんてきな	他の人には分けないで自分だけのものにすること
p.59	愚か	おろか	頭が悪い
p.59	まし	まし	そのほうがまだいいこと
p.59	一筋縄ではいかない	ひとすじなわではいかない	ふつうの方法ではできない
p.59	口を割る	くちをわる	本当のことを言ってしまう
p.59	判明する	はんめいする	わかる
p.59	回避	かいひ	よけること／逃げること
p.59	うろつく	うろつく	同じ場所を行ったり来たりする
p.59	がらの悪い	がらのわるい	悪そうな人に見えること
p.59	よこす	よこす	渡す
p.59	隊長	たいちょう	あるグループのリーダー
p.59	将校	しょうこう	軍のえらい人
p.59	駐屯する	ちゅうとんする	軍隊がある場所に動かないでいる
p.60	紛争	ふんそう	戦うこと／争うこと
p.60	察知する	さっちする	気づく
p.60	業を煮やす	ごうをにやす	思ったようにいかなくて怒る
p.60	民兵	みんぺい	【🔎調べてみよう】
p.60	ゲリラ	ゲリラ	急に出てきて戦う兵士
p.60	藪	やぶ	草と低い木がたくさんはえているところ
p.60	ライフル	ライフル	銃の種類のひとつ／ねらったものに当たりやすい銃
p.60	野生	やせい	山などで自然に育つこと
p.60	ぺこぺこ	ぺこぺこ	何回も頭を低くする様子
p.60	頭を下げまくる	あたまをさげまくる	何回も頭を低くして人をいい気分にする
p.60	舌先三寸	したさきさんずん	思ってないことも話して、うまくやること
p.60	つくづく	つくづく	心から／本当に
p.60	余談	よだん	他の話／今までの話の流れと少し違う話
p.60	通信装置	つうしんそうち	遠くの人と話すための機械
p.60	軍事	ぐんじ	戦争に関係があること
p.60	暗号	あんごう	他の人がわからないように考えたことば／コード
p.60	気がきく	きがきく	おもしろく上手に言っている
p.60	好戦的	こうせんてき	戦うことが好きな様子
p.60	進化する	しんかする	生き物が長い間に変化して前よりよくなる
p.60	部族	ぶぞく	同じ文化やことばを持つグループ
p.60	大長	おおおさ	部族で一番えらい人
p.61	行政単位	ぎょうせいたんい	市・町・村など
p.61	束ねる	たばねる	まとめる
p.61	圧倒的な	あっとうてきな	他よりとても強い
p.61	邸宅	ていたく	大きくてりっぱな家
p.61	拝謁	はいえつ	えらい人に会うこと
p.61	善意	ぜんい	親切な気持ち
p.61	門番	もんばん	建物の入口を守る人
p.61	駆使する	くしする	思うままに使う
p.61	窃盗	せっとう	ぬすむこと

ページ	語・表現	読み方	意味
p.61	レイプ	レイプ	無理やり性行為をすること
p.61	頻度	ひんど	あることがくりかえし行われることの回数
p.61	強盗	ごうとう	人をおどしてお金や物をうばうこと
p.61	撤退する	てったいする	今までいたところから逃げる
p.61	守る	まもる	あぶなくないようにする
p.61	四輪駆動	よんりんくどう	悪い道でもよく走るじょうぶな車(4WD)
p.61	即刻	そっこく	すぐ
p.61	クビになる	クビになる	(会社などを)やめさせられる
p.61	解雇する	かいこする	(会社などを)やめさせる
p.61	国外退去	こくがいたいきょ	国内にいる外国人を国外に出すこと
p.62	勘弁する	かんべんする	ゆるす
p.62	目を配る	めをくばる	注意して見ておく
p.62	ポーズ	ポーズ	本物のように見せていること
p.62	拳銃	けんじゅう	武器の種類のひとつ／ピストル、銃
p.62	命を張る	いのちをはる	死ぬかもしれないことでもする
p.62	貴重品	きちょうひん	(時計、アクセサリー、お金などの)大切なもの
p.62	精一杯	せいいっぱい	できるだけ全部の力で
p.62	忠告	ちゅうこく	強いアドバイス
p.62	あえて	あえて	ふつうはしないことを特別に
p.62	押し入る	おしいる	無理やり入る
p.62	覚悟	かくご	絶対するという強い心の準備
p.63	不治の病	ふじのやまい	なおらない病気
p.63	感染	かんせん	うつる
p.63	荒れよう	あれよう	めちゃくちゃになった様子
p.63	目を見張る	めをみはる	見ておどろく
p.63	直に	じかに	直接、そのまま
p.63	寝そべる	ねそべる	体をのばして横になってねる
p.63	井戸	いど	地面にあなをほって水が出るようにしたもの
p.63	悪臭	あくしゅう	とてもくさいにおい
p.63	肺炎	はいえん	肺の病気のひとつ
p.63	地獄の一丁目	じごくのいっちょうめ	とてもこわいところ
p.63	ないがしろにする	ないがしろにする	大切にしない
p.63	えばる	えばる	えらそうにする／いばる
p.63	病棟	びょうとう	病室のある建物
p.63	埋める	うめる	土の中に何かを入れて上から土をかけて見えなくする
p.63	筋違い	すじちがい	完全に間違っていること
p.63	高級官僚	こうきゅうかんりょう	えらい役人
p.63	回診	かいしん	医者が入院している人の様子を見て回ること
p.63	修復する	しゅうふくする	こわれたものをなおす
p.64	緊急時	きんきゅうじ	戦争や地震など危ないことが起こっているとき
p.64	脱出手段	だっしゅつしゅだん	逃げる方法
p.64	把握	はあく	しっかり理解すること
p.64	予断を許さない	よだんをゆるさない	これからどうなるかわからない
p.64	信頼のおける	しんらいのおける	信じられる
p.64	割りあてる	わりあてる	同じ数ずつに分ける
p.64	医療物資	いりょうぶっし	病気をなおすために使うもの
p.64	雑用	ざつよう	いろいろな小さい仕事
p.64	一手に	いってに	一人で全部
p.64	手腕	しゅわん	技術や能力

ページ	語・表現	読み方	意味

2 読んでみよう：「読み物5」

ページ	語・表現	読み方	意味
p.65	辺境部	へんきょうぶ	都会から遠くはなれた田舎
p.65	一次医療	いちじいりょう	最初の簡単な治療
p.65	復活する	ふっかつする	一度なくなったものがもう一度もどる
p.65	小児科	しょうにか	病院の専門のひとつ／子どもの病気をみるところ
p.65	産婦人科	さんふじんか	病院の専門のひとつ／女の人の病気などをみるところ
p.65	徹底的に	てっていてきに	完全に全部
p.65	未来永劫	みらいえいごう	ずっと先の将来まで
p.65	フルに	フルに	100パーセント(%)
p.66	指針	ししん	何かをするときの基本的な考え方や目的
p.66	かまける	かまける	それだけをして他のことをしない
p.66	発動する	はつどうする	始める
p.66	白紙	はくし	何も決まっていないこと
p.66	衛生	えいせい	きれいにして病気にならないようにすること
p.66	風習	ふうしゅう	その土地に古くからある習慣
p.66	懐疑的	かいぎてき	あまり信じていない様子／うたがいを持つ様子
p.66	偽善	ぎぜん	いい人のふりをすること
p.66	特異的な	とくいてきな	特別でめずらしい
p.66	風土	ふうど	その土地の気候や地形
p.66	改装工事	かいそうこうじ	建物を新しく変える工事
p.66	足しげく	あししげく	何回も行く様子
p.67	白い目	しろいめ	冷たい目
p.67	ギャグをかます	ギャグをかます	おもしろいことをしたり言ったりすること
p.67	わけのわからない	わけのわからない	ぜんぜん知らない、わからない
p.67	蚊取り線香	かとりせんこう	火をつけるとけむりが出て蚊を殺すもの
p.67	ぐるぐる	ぐるぐる	回る様子
p.67	渦	うず	はげしく回る水
p.67	伝統医療	でんとういりょう	その土地に昔からある病気をなおす方法
p.67	施す	ほどこす	人のために何かをすること・あげること
p.67	漢方薬	かんぽうやく	中国の特別な薬草で作った薬
p.67	まずまず	まずまず	十分ではないがいい
p.68	類	たぐい	同じ種類のもの
p.68	激烈な	げきれつな	とてもはげしい／効果が強すぎる
p.68	容態	ようだい	病気の様子
p.68	大地	だいち	広い土地／地面
p.68	精霊	せいれい	自然の中にあるふしぎな力
p.68	妊婦	にんぷ	おなかの中に子どもがいる女の人
p.68	出産	しゅっさん	子どもをうむこと
p.68	へその緒	へそのお	母親とおなかの中の子どもをつなぐひものようなもの
p.68	新生児	しんせいじ	生まれたばかりの子ども／赤ちゃん
p.68	腹腔	ふくくう	おなかの中
p.68	ばい菌	ばいきん	人を病気にする菌やウイルス
p.68	消毒する	しょうどくする	ばい菌を殺して、きれいにする
p.68	土壌中	どじょうちゅう	土の中
p.68	致命率	ちめいりつ	死ぬ人の割合(%)
p.68	ダントツ	ダントツ	(他と比べられないくらい)一番
p.68	とんでもない	とんでもない	おどろくくらいふつうと違う様子
p.68	密売	みつばい	売ってはいけないものをかくれて売ること
p.68	不法	ふほう	法律を守っていないこと
p.68	特殊性	とくしゅせい	他と比べて変わっていること／特別なこと
p.68	儀式	ぎしき	決まったやり方で行う伝統的な式／まつり

ページ	語・表現	読み方	意味
p.68	みなす	みなす	そうだと考える
p.68	規範	きはん	ルール／きまり
p.69	ペニス	ペニス	男性の性器
p.69	罹患する	りかんする	病気になる
p.69	縫う	ぬう	針と糸で2つのものを合わせる
p.69	封鎖	ふうさ	完全にしめてしまうこと
p.69	蔓延する	まんえんする	(病気などが)広がる
p.69	瘢痕	はんこん	傷がなおったあとに残ったかたち／傷あと
p.69	癒着する	ゆちゃくする	皮膚などがついてはなれなくなる
p.69	分娩	ぶんべん	おなかの中にいる子どもを外に出すこと
p.69	遷延	せんえん	時間がかかって予定よりのびること
p.69	いっそう	いっそう	もっと
p.69	驚愕する	きょうがくする	とてもおどろく
p.70	支柱	しちゅう	支えになるもの
p.70	一役かう	ひとやくかう	ある仕事をすすんで引き受ける
p.70	下手をすると	へたをすると	上手くいかなかった場合
p.70	村八分	むらはちぶ	グループの仲間に入れてもらえないこと
p.70	中庸案	ちゅうようあん	どちらか一方によらない考え
p.70	怠慢な	たいまんな	仕事をきちんとしない／サボる
p.70	一概に	いちがいに	全部まとめて同じように
p.70	なおかつ	なおかつ	そのうえまた
p.70	熱帯医学	ねったいいがく	1年中とても暑いところで起こる病気について研究する学問
p.70	とまどう	とまどう	どうしていいかわからなくて困る
p.71	切り出す	きりだす	話を始める
p.71	近隣	きんりん	住んでいるところの近く／近所
p.71	まがりなりにも	まがりなりにも	十分ではないが
p.71	重鎮	じゅうちん	ある社会やグループでとても力のある人
p.71	進言	しんげん	自分より地位が上の人に意見を言うこと
p.71	対等	たいとう	(相手より上でも下でもない)同じ地位
p.71	一変する	いっぺんする	大きく変わる／完全に変わる

社会起業家の取り組み(1)

貧困を解決するために

国内外の貧困をなくすために活動している社会起業家たちの取り組みを知り、貧困をなくすためには何が必要なのかを考えましょう。
このユニットでは、自分が興味を持った社会起業家の活動について、本を読んだり、インターネットを見たりしてまとめます。

ユニット6の目標

4C		
内容 Content		□ 1. 社会起業家の活動を知る。
言語 Communication		□ 1. 社会起業家の活動に関する資料を読む。 □ 2. 読んだ内容をまとめる。
思考 Cognition		□ 1. 資料を読んで重要な情報を取り出し、まとめる。 □ 2. ディスカッション・ポイントを見つける。 □ 3. 発表準備の計画を立てる。
協学・異文化理解 Community/Culture		□ 1. 発表のための資料収集を協力して行う。 □ 2. 社会起業家の活動に興味を持つ。

1 話してみよう

「社会起業家」とは？

❶「社会起業家」とはどのようなことをする人だと思いますか。

❷「フェアトレード」を知っていますか。どのような人が、どのような活動をしていると思いますか。次の資料を読んで考えてみましょう。

おしゃれなエコが世界を救う（すく）
女社長のフェアトレード奮闘記（ふんとうき）

　あなたは、自分の着る服がどこから来て、誰が作ったものか、考えたことがありますか？

　その服を作った人は、アジアの工場で1日に16時間もミシンを踏み、月に2日しか休みがないのに、わずか2300円の月給しかもらえないのかもしれません。

　その服の原料であるコットンを栽培するために大量の農薬が使われて、土や水が汚染されたり、農家の人が体を壊しているかもしれません。私はこの18年間、バングラディシュやインドでそんな現実を目にしてきました。

　ふだん何気なく着ている服が、途上国の環境や貧困の問題とつながっていると知って驚く人は少なくありません。自分がお店で選んだ服の陰に苦しんでいる人がいるかもしれない。それなら、ショッピングについてもう少し考えてみようと、多くの人が思い直すのです。

　私は、東京とロンドンで「フェアトレード」の会社を経営しています。私の仕事は、途上国の生産者や農家の人たちのところへ行き、いっしょに商品を開発すること。農村で手織りや伝統の技術を生かした製品を

Point

「起業家」は、「自分自身で新しい事業を立ち上げた人」だけど、「社会起業家」って何だろう？

Point

Fair trade、公正貿易。オルタナティブ・トレード（Alternative trade）とも言うよ

Keyword

- 栽培（さいばい）
- 環境（かんきょう）
- 汚染（おせん）
- ショッピング
- フェアトレード
- ビジネス
- 国際貢献（こくさいこうけん）

作ったり、環境にやさしい有機栽培ができるよう手伝っているのです。そして、いっしょに作った服や雑貨を、日本やイギリスの消費者に届けています。

このビジネスを始めたのは、深刻な現実を目の前にして、とにかく自分のできることをやろう！と心に誓ったからです。私は22歳のとき、バックパックをかついでアジアの国々を旅し、利益ばかりを優先する先進国の大企業が途上国でどんなにひどいことをしているかを知りました。25歳のときにロンドンから東京にやって来て、バブル景気に浮かれる人たちがまだ使える製品を平気で捨てるのを目にしました。そんな状況を変えたくてフェアトレードのビジネスを始めたのです。

フェアトレードの製品を買うことで、途上国の貧しい人たちに仕事の機会を提供することができます。自然の素材や手作りの製品を選ぶことが、環境を守ることにもつながります。つまり、誰でも参加できる国際貢献です。

世界を変えるのは、政治家やビジネス・リーダーだけではありません。すべての人にその力があります。変化に必要なのは、多様性なのですから。

たとえば私のように、大学を出ていなくても、お父さんのいない家庭で育っても、行動を起こすことができます。会社に勤めている人が、自分の会社を内側から変えていくこともできます。教育に携わる人、子どもを育てている人も、みんなそれぞれの立場で変化を起こすことができるはずです。そして買い物ひとつでも、何を選ぶかによって世界をよい方向へ導くことができる。

この本を読んで、行動を起こす人がひとりでも増えることを願っています！

(サフィア・ミニー『おしゃれなエコが世界を救う――女社長のフェアトレード奮闘記』
pp.19-22, 2008年, 日経BP社)

2 発表の準備をしてみよう

発表のテーマを選ぶ

貧困を改善するための取り組みは、数多く行われています。貧困を改善するための活動について、本を読んで他の人に紹介してください。

以下の①～⑥はおすすめの本です。①、③は、一部を巻末付録（読解資料）に掲載しています。他の活動を調べたいときは、自分で本を探してみましょう。

① ファッション × フェアトレード

『おしゃれなエコが世界を救う——女社長のフェアトレード奮闘記』 サフィア・ミニー
（2008年、日経BP社）

来日し、日本語学校で学んだ経験のある筆者が、環境問題、貧困問題、人権問題に疑問を持ってフェアトレード・ビジネスを東京で夫とともに創業。15カ国の生産者と提携して、注目を集めるファッション・ブランドに成長させる。消費者としてどのように行動すればよいか、考えるきっかけに。

おすすめ：1章、3章、4章

② 地域 × フェアトレード

『世界を変えるオシゴト——社会起業家になったふたりの女の子の感動物語』 マリー・ソー、キャロル・チャウ
（林路美代、林民子（訳）、2010年、講談社）

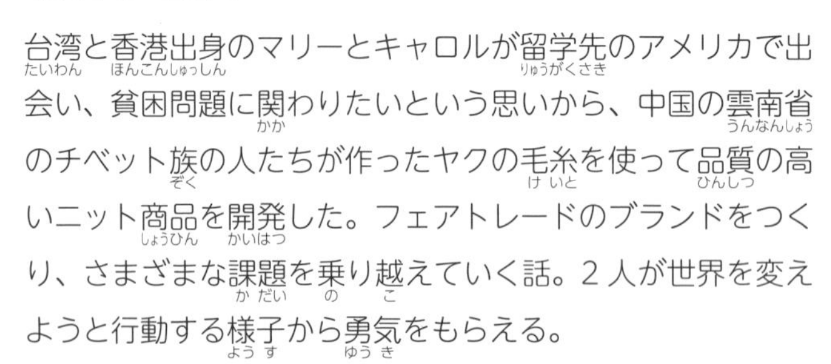

台湾と香港出身のマリーとキャロルが留学先のアメリカで出会い、貧困問題に関わりたいという思いから、中国の雲南省のチベット族の人たちが作ったヤクの毛糸を使って品質の高いニット商品を開発した。フェアトレードのブランドをつくり、さまざまな課題を乗り越えていく話。2人が世界を変えようと行動する様子から勇気をもらえる。

おすすめ：1章、3章、4章

Point
本を読むと、筆者がどうしてその活動を始めたか、始めるまでの苦労がよくわかるよ。本を1冊読むことは、日本語の勉強にも自分の自信にもなるので、ぜひ挑戦してみて！

↘ 巻末付録（読解資料）pp.132-147

People Tree

Point
インターネット上にも活動の最新情報があるので、調べてみよう

SHOKAY

食 × 社会起業

『[完全版]「20 円」で世界をつなぐ仕事――想いと頭脳で稼ぐ新しい働き方』 小暮真久
(2018 年、ダイヤモンド社)

社員食堂でカロリーを抑えた食事を提供し、食事代の一部をアフリカの学校給食支援にあてる運動を展開する NPO 法人 TABLE FOR TWO（TFT）の代表の話。コンサルティング会社を辞めて、社会起業家になった。起業するということ、社会起業家のことがわかる本。

おすすめ：1 章、3 章、終章

教育 × テクノロジー

『世界はひとつの教室――「学び × テクノロジー」が起こすイノベーション』 サルマン・カーン
(三木俊哉(訳)、2013 年、ダイヤモンド社)

オンライン教育の無料プラットフォームである Khan Academy の設立までの経緯。「質の高い教室を、無料で、世界のすべての人に提供する」という筆者の教育論が興味深い。

おすすめ：はじめに、pp.24-45, 61-66, 153-161

教育 × 子ども

『マイクロソフトでは出会えなかった天職――僕はこうして社会起業家になった』 ジョン・ウッド
(矢羽野薫(訳)、2013 年、ダイヤモンド社)

マイクロソフトの重役を務めていた筆者が、ネパールのトレッキングをきっかけに、途上国の子どもに本や教育を届ける活動を始め、教育を通して貧困のサイクルを断ち切ろうとする話。Room to Read を設立。識字教育、NPO 組織の継続方法に興味のある人向け。

おすすめ：1-5 章、9 章、15-17 章

↘ 巻末付録
（読解資料）
pp.148-158

TABLE FOR TWO

Khan Academy

Room to Read

⑥ 自立支援 × 女性

『グラミン銀行を知っていますか――貧困女性の開発と自立支援』 坪井ひろみ

（2006 年、東洋経済新報社）

バングラデシュにある「グラミン銀行」の紹介。貧しい女性たちに活動資金を貸して、女性の自立を支援するマイクロクレジットについて多く解説されている。社会の中の女性の立場がどのようであったかにも着目。「グラミン銀行」の創設者のムハマド・ユヌス博士は、2006 年にノーベル平和賞を受賞。社会の仕組みに興味のある人向け。

おすすめ：1 章、2 章、3 章（1）

グラミン銀行

グラミン日本

3 クリティカルに読んでみよう

「クリティカルな思考」とは？

社会起業家の活動についてさまざまな視点からクリティカル（批判的）に考えることが大切です。「クリティカルに」というのは単に批判することではありません。クリティカルな思考がないと異文化理解は進まないといわれています。よりよい世界をつくるという共通の目標のためにクリティカルな視点を忘れずに読んでみましょう。

＜クリティカルな考え方の例＞

「フェアトレードを行うことによって生じるデメリットはないだろうか。」

＜クリティカルではない考え方の例＞

「フェアトレードの商品は高いのでダメです。」（単なる批判）

4 資料を読んでまとめてみよう

→「別冊ポートフォリオ」pp.11-12

ディスカッション・ポイント

あなた（あなたのグループ）はどのような活動を紹介することにしましたか。あなたが興味を持った取り組みについて、まとめましょう。活動について疑問に思ったことや、考えたこと、他の人と話し合いたいこと（ディスカッション・ポイント）も必ず入れるようにしましょう。

ここでいう「ディスカッション・ポイント」とは、「はっきりした答えがないが、深く考える必要のあること」です。例えば、以下のような質問には、決まった答えはありません。また本の内容が絶対に正しいということもありません。疑問に思ったことや、自分の考えとは異なる部分について取り上げてもいいでしょう。

＜ディスカッション・ポイントの例＞

・ボランティアは無償でするべきという考え方に賛成ですか、反対ですか。

・日本でフェアトレードの商品を広めるために何ができると思いますか。

Point
p.129「ディスカッションの表現」を見て、話し合いのイメージをつかんでみよう

5 発表の計画を立ててみよう

→「別冊ポートフォリオ」p.13

発表のテーマ「社会起業家」

発表テーマが決まったら、発表日までに計画的に準備を進めることが大切です。グループで相談して発表までの計画を立ててみましょう。

＜発表準備のポイント＞

グループで準備するときは、メンバーの意見を聞いて分担を決めましょう。互いに得意なことや苦手なことを話し合って分担を決めるといいです（例：調べるのは苦手だけど発表資料を作るのは得意）。

準備で集まることもあるかもしれないので、メンバーとの連絡方法を決めておきましょう。

Point
発表の準備は計画通りにいかないこともあるよ。スケジュールを時々見なおして、修正もしてみよう

「無料塾」と「子ども食堂」

ユニット１のコラムでは、「絶対的貧困」と「相対的貧困」を紹介しました。2015年の世界銀行のレポートによると、日本では７人に１人の子どもが「相対的貧困」の状態にあるといわれています。特に、日本では、ひとり親家庭（母子家庭・父子家庭）の子どもの貧困率が、両親がいる家庭の子どもの貧困率よりも高いといわれています。特に日本の子どもの貧困は、見た目が他の子どもと変わらないため、貧困の実態や状況が外からではわかりにくいといわれています。しかし、外からは見えなくても、教育の格差、経験の格差、情報の格差などにつながり、貧困の連鎖を生むことが明らかになっています。（➡ pp.91-92 の読み物「クリスマスプレゼントはなかった ―子どもの貧困―」も読んでみよう）

このような状況を変えようと、「無料塾」や「子ども食堂」といった試みが行われています。例えば、「無料塾」は、子どもに無料で勉強を教えることで、教育格差をなくし、「貧困の連鎖」を止めようとするものです。また、「子ども食堂」では、十分に食事ができない子どもたちに、無料で食事を出し、幸せな時間や地域とのつながりを作ろうとしています。これらの試みは、NPO（非営利団体）が中心となって、大学生やその地域に住んでいる人々がボランティアで手伝っている場合が多いようです。

もしかしたら、あなたの住んでいる場所の近くでも、貧困をなくすためのさまざまな試みがされているかもしれません。どのような試みがなされているのか、一度調べてみてください。

[参考]
厚生労働省「平成 30 年　国民生活基礎調査の概況」
　[2020 年 7 月 11 日検索]

[語彙リスト]

・ひとり親家庭	両親のうち、父親だけまたは母親だけの家庭
・格差	貧富の差／貧しい人と豊かな人の差
・貧困の連鎖	親の貧困が子どもの貧困につながること
・試み	チャレンジ／やってみること
・地域	住んでいる場所やそこに住んでいる人々
・つながり	あたたかい人間関係／人と関わること
・ボランティア	他の人や社会のために、自分からすすんで活動すること

クリスマスプレゼントはなかった
—子どもの貧困—

「貧困」とは、どのようなものなのでしょうか。これは、人によって考えも違いますし、国や地域によってもさまざまかもしれません。貧困についての代表的な考え方として「絶対的貧困」と「相対的貧困」があります。

「絶対的貧困」は、食べ物がない、家がないなど、生きるために必要なものがないような貧困のことを意味します。私たちが一般に「貧困」と聞いてイメージするのは、このような貧困です。

それに対して、ある社会で「普通」とされる生活をすることが難しいような状態を「相対的貧困」と呼びます。例えば、現代の日本で、習い事ができない、高校へ行けない、家族と旅行へ行けないという状態は相対的貧困と言えるでしょう。日本の子どもの貧困率(2015年)は13.9%、さらにひとり親家庭の子どもの貧困率は50.8%と先進国のなかでも最も低いと言われています。つまり、相対的貧困という点から見れば日本の7人に一人の子どもが、「貧困」の状況です。以下は、高校生になった子どもたちが話してくれた状況です。

ヒロシ「クリスマスプレゼントはなかった。ケーキは食べた。次の日友達が、昨日プレゼントが枕のそばにあったって話を聞いて、ふーんそうなんだって。親には言わなかった。」

トモユキ「習い事は一切していない。だから学校の授業の水泳とか、苦労しました。近所の子でスイミングスクールとか、習字とかやってる子がいて、いいなって。親に行きたいと言ったことはあるけど無理って言われました。」

ナナ「友達は家にやっぱり連れて来たくない。普通の生活レベルじゃないでしょ。恥ずかしいからやだ。家を出て学校へ行けば普通なんだと思う。別に外に出ればバレないみたいな。」

レイコ「夢を持たなくなったのは中学生の頃。普通に生きればいいかなって。とりあえず早く仕事したいなってのがあった。他の人の夢とか聞いても、ああそうかくらいで何も思わなかった。」

見た目は「普通」に見える子どもが多く、本当はどのような状況なのか知るのが難しいと言われていますが、経済的な理由で十分な教育が受けられない、それによって学校や仕事が自由に選べなくなり、将来に夢を持てなくなってしまう子どもたちが今、増えています。

このような状況を変えようと、「無料塾」や「子ども食堂」といった試みが行われています。例えば、「無料塾」は、子どもに無料で勉強を教えることで、教育の格差をなくし、親から子へまたその子どもへという「貧困の連鎖」を止めようとするものです。

また、「子ども食堂」では、十分に食事ができない子どもたちに、無料で食事を出し、幸せな時間や地域とのつながりを作ろうとしています。これらの試みは、NPO（Nonprofit Organization：利益のためではなく社会問題の解決のための団体）が中心となって、大学生やその地域に住んでいる人々がボランティアで手伝っている場合が多いようです。

子ども食堂

あなたの住んでいる町でも、貧困をなくすためにさまざまな活動がされているかもしれません。調べてみてはいかがでしょうか。

無料塾

［参考資料］

・厚生労働省「平成 28 年 国民生活基礎調査の概況」（2021.1.28 確認）
https://www.mhlw.go.jp/toukei/saikin/hw/k-tyosa/k-tyosa16/dl/16.pdf

・日本子ども支援協会ウェブサイト（2021.1.28 確認）
https://npojcsa.com/jp_children/poverty.html

・阿部彩（2008）『子どもの貧困』岩波新書

・阿部彩（2014）『子どもの貧困Ⅱ』岩波新書

・大澤真平（2008）「子どもの経験の不平等」『教育福祉研究』, 14, 1-13.

(All pictures are drawn by Hinako Fujimura)

（奥野由紀子「たどくのひろば　現代社会再考」より）

「たどくのひろば」ウェブサイト
https://tadoku.info/stories/gendaishakai/
［2021 年 7 月 1 日検索］

1 話してみよう

ページ	語・表現	読み方	意味
p.84	おしゃれな	おしゃれな	髪型や服装などに気をつかっている様子
p.84	エコ	エコ	エコロジーの略／環境にいいこと／自然を守ること
p.84	救う	すくう	助ける
p.84	奮闘記	ふんとうき	たくさん努力した記録
p.84	ミシン	ミシン	布をぬったり服を作ったりするときに使う機械
p.84	わずか	わずか	少し
p.84	月給	げっきゅう	1か月の給料
p.84	原料	げんりょう	物を作るためのもとになるもの
p.84	コットン	コットン	綿
p.84	栽培する	さいばいする	野菜や果物を作る
p.84	大量	たいりょう	たくさん
p.84	農薬	のうやく	農業で使う薬／虫を殺す薬など
p.84	汚染する	おせんする	土や水、空気、食べ物などをよごす
p.84	農家	のうか	畑や田んぼで野菜などを作る仕事の人
p.84	現実	げんじつ	目の前に今ある事実や状態／本当に起こったこと
p.84	目にする	めにする	実際に見る
p.84	何気なく	なにげなく	深く考えないで
p.84	途上国	とじょうこく	一人あたりの所得が低くて発展の水準が低い国
p.84	つながる	つながる	関係がある
p.84	陰	かげ	うらがわ／目に見えないところ
p.84	生産者	せいさんしゃ	物を作る人
p.84	商品	しょうひん	売っている物
p.84	開発する	かいはつする	新しい技術やものを作り出す
p.84	農村	のうそん	農業をしている村
p.84	手織り	ており	機械を使わず手で布を作ること
p.84	伝統	でんとう	昔から伝えられてきたこと
p.84	生かす	いかす	うまく使う
p.85	有機栽培	ゆうきさいばい	化学的に作られた肥料や農薬を使わない農業
p.85	雑貨	ざっか	日常生活で使ういろいろなもの
p.85	消費者	しょうひしゃ	商品やサービスを買ったり使ったりする人
p.85	深刻な	しんこくな	とても大変な／とても難しい
p.85	誓う	ちかう	約束をする
p.85	バックパック	バックパック	背中にせおうかばん
p.85	かつぐ	かつぐ	物を肩や背中にのせる
p.85	利益	りえき	商売などのもうけ
p.85	優先する	ゆうせんする	他のものよりも大事にする
p.85	先進国	せんしんこく	経済、文化、政治などが進んでいる国
p.85	大企業	だいきぎょう	働いている人がたくさんいる大きい会社
p.85	バブル景気	バブルけいき	【調べてみよう】
p.85	浮かれる	うかれる	楽しくて落ち着かない様子
p.85	平気で	へいきで	気にしないで／何も考えないで
p.85	状況	じょうきょう	時間とともに変わっていくものごとの様子
p.85	提供する	ていきょうする	お金、物、技術などを与えること
p.85	自然の素材	しぜんのそざい	コットン(綿)、木など自然の材料
p.85	守る	まもる	悪い状態にならないようにする
p.85	貢献	こうけん	あることや社会のために努力すること
p.85	多様性	たようせい	いろいろな生き方や考え方
p.85	起こす	おこす	新しく何かを始める
p.85	携わる	たずさわる	関係している／関わっている
p.85	立場	たちば	その人の状況・考え方

ページ	語・表現	読み方	意味
p.85	方向	ほうこう	ものや気持ちが向かうところ
p.85	導く	みちびく	動かす／連れていく
p.85	願う	ねがう	そうなってほしいと思う

2 発表の準備をしてみよう

ページ	語・表現	読み方	意味
p.86	筆者	ひっしゃ	本や文を書いた人
p.86	人権	じんけん	人が生きるために必要な権利
p.86	創業	そうぎょう	仕事や商売を始めること
p.86	提携する	ていけいする	おたがいに助け合う
p.86	注目	ちゅうもく	興味を持って見ること
p.86	ファッション	ファッション	はやっているものや服
p.86	ブランド	ブランド	自分の商品を他の商品と区別するための名前
p.86	成長する	せいちょうする	ものごとが発展して大きくなる
p.86	きっかけ	きっかけ	ものごとを始める理由や原因
p.86	チベット族	チベットぞく	中国の少数民族のひとつ
p.86	ヤク	ヤク	牛に似た毛の長い動物
p.87	つなぐ	つなぐ	はなれているものを結ぶ
p.87	想い	おもい	考えや望み
p.87	頭脳	ずのう	ものごとを考えたり決めたりする力
p.87	稼ぐ	かせぐ	働いてお金をえること
p.87	社員食堂	しゃいんしょくどう	会社の中にある社員が安く食べることができる食堂
p.87	カロリー	カロリー	食べ物のエネルギーの量
p.87	抑える	おさえる	増やさないようにする
p.87	一部	いちぶ	全部の中のひとつ
p.87	給食	きゅうしょく	学校などで食事を出すこと／学校などで出す食事
p.87	支援	しえん	手伝い／助けること
p.87	展開する	てんかいする	ものごとを広くひろげる
p.87	代表	だいひょう	グループの中のトップの人
p.87	コンサルティング会社	コンサルティングがいしゃ	専門家として仕事を手伝ったりアドバイスしたりする会社
p.87	プラットフォーム	プラットフォーム	コンピューターを使うときの基本的なシステム
p.87	設立	せつりつ	会社や組織を新しくつくること
p.87	経緯	けいい	ものごとのくわしい事情
p.87	質	しつ	そのものがよいか悪いかを決める特徴
p.87	～論	～ろん	～についての意見や考え
p.87	興味深い	きょうみぶかい	おもしろくて興味を持つ
p.87	出会う	であう	偶然会う
p.87	天職	てんしょく	その人に一番合う仕事
p.87	重役	じゅうやく	会社で責任が重い人
p.87	務める	つとめる	その仕事をする
p.87	トレッキング	トレッキング	健康や運動のために山を歩くこと
p.87	サイクル	サイクル	あるものが変わってまたはじめの状態にもどること
p.87	断ち切る	たちきる	今まで続いていたものをやめる
p.87	識字	しきじ	字がわかること／字を読んだり書いたりできること
p.87	組織	そしき	会社や団体などの大きなグループ
p.87	継続	けいぞく	続けること
p.88	自立	じりつ	他の人の助けを借りないで自分の力ですること
p.88	資金	しきん	何かをするために必要なお金
p.88	解説する	かいせつする	意味をわかりやすく説明する
p.88	着目	ちゃくもく	特に注意して見ること
p.88	創設者	そうせつしゃ	会社や組織を新しくつくる人
p.88	ノーベル平和賞	ノーベルへいわしょう	世界の平和のために活躍した人に贈られる賞のひとつ
p.88	受賞	じゅしょう	賞をもらうこと
p.88	仕組み	しくみ	ものごとの作られ方

ユニット
UNIT
7

社会起業家の取り組み(2)

貧困を解決するために

国内外の貧困をなくすために活動している社会起業家たちの取り組みを知り、貧困をなくすためには何が必要なのかを考えましょう。
このユニットでは、自分が調べた社会起業家の活動について、スライドを作り、発表の練習をします。

できるようになったらチェックしよう!

4C		
4C	内容 Content	☐ 1. 社会起業家の活動や課題を知る。
	言語 Communication	☐ 1. 社会起業家の活動に関する資料を読む。 ☐ 2. 読んだ内容をまとめてスライドを作る。 ☐ 3. 読んだ内容についてスライドを使って説明する。
	思考 Cognition	☐ 1. ディスカッション・ポイントを考える。 ☐ 2. 発表の評価について考える。
	協学・異文化理解 Community/Culture	☐ 1. スライドを協力して作る。 ☐ 2. 社会問題を解決する方法を考える。

1 話してみよう

「別冊ポートフォリオ」pp.14-15

評価項目(こうもく)を考える

評価項目を考えましょう。

　発表する際(さい)の評価項目を自分たちで作ってみましょう。その評価項目を意識(いしき)して、発表準備を進(すす)めましょう。

① まずはグループで話し合いましょう。

② グループで話し合った評価項目をクラスで紹介しましょう。クラスで話し合って共通(きょうつう)の評価項目を作りましょう。
(別冊ポートフォリオに書き込みましょう。)

Point

コラム「よい発表とは」(p.100) を読んでみよう

2 発表スライドを作ってみよう

「よい発表スライド」とは？

❶ どちらのスライドのほうがわかりやすいですか。それはなぜですか。

Point

スライドを見る人の立場になってみよう

スライドA

フェアトレード

フェアトレードとは**開発途上国**の**原料**や**製品**を**適正**な**価格**で**継続的**に**購入**することにより、**立場**の**弱**い**開発途上国**の**生産者**や**労働者**の**生活改善**と**自立**を**目指**す「**貿易**のしくみ」をいいます。つまり、**フェアトレード**とは**寄付**ではなく、**ビジネス**を**通**した**国際貢献**です。

スライドB

フェアトレードとは

- 開発途上国の原料や製品を適正な価格で継続的に購入する「貿易のしくみ」
  ⇒立場の弱い生産者や労働者の生活改善と自立を目指す
- ビジネスを通した国際貢献

国際フェアトレード認証ラベル

参考：フェアトレード ジャパン　https://www.fairtrade-jp.org

Point

レジュメとは違うフォントを使おう。游(ゆう)ゴシックが見やすいよ。文字の大きさは28ポイント以上にしよう

❷ スライドの構成を考えてみましょう。以下は構成の一例です。

① 表紙

発表のタイトル
名前

② はじめに

発表の目的や構成など

③ 本のタイトルと著者について

本のタイトルや
著者の経歴の紹介

④ キーワードの説明

キーワード
例：フェアトレード

⑤ 活動内容の紹介

著者や団体の活動内容

⑥ 図やグラフ

図やグラフなど
http://cliln................

⑦ 著者が伝えたいこと

著者の思い、
本からのメッセージ

⑧ 本を読んで感じたこと

発表者が感じたことや
考えたこと、伝えたいこと

Point

スライドの構成は自分たちで変えてもいいよ。発表時間1分で1枚くらいが目安だよ（15分の発表なら15～20枚程度）。枚数が多くなりすぎないように気をつけよう

Point

スライドのデザインは統一しよう

Point

図、写真、資料などを引用するときは必ず出典を書こう

⑨ ディスカッション・ポイント

クラスで話し合いたいこと

⑩ 参考文献など

・本

・インターネットの資料

(URL などものせる)

3 発表の練習をしてみよう

→「別冊ポートフォリオ」p.15

テーマ「社会起業家」の発表練習

発表前に、練習をしましょう。「1 話してみよう」で作った評価項目(「別冊ポートフォリオ」p.15)を見ながら、「よい発表」に近づけているか、チェックしてください。

<チェックポイント>

- 発表時間を計る

  時間を計りながらリハーサルをしましょう。

- 話し方を見なおす

  プレゼンテーション・ツールのリハーサル機能やスマートフォンの録画・録音機能を使いましょう。

- つなぎのことば

  次のスライドに移るとき、つなぎのことばを使いましょう。

  (例)「次は、この本を書いた著者について話します。」

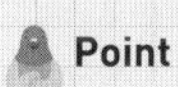

Point

p.128「発表の表現」とp.129「ディスカッションの表現」を使って話そう

Point

自分たち(発表者)のディスカッション・ポイントへの考えも準備しておこう

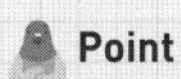

Point

リハーサルをすると、スライドの足りないところや間違いがわかるよ

column

コラム

よい発表とは

あなたは、「よい発表」とは、どのような発表だと思いますか。どのようなことに気をつけたらいいか、考えてみましょう。

例えば……

- □ 大きな声ではっきりと話す
- □ 聞いている人の顔や目を見ながら話す
- □ 聞いている人がどのくらい理解(りかい)しているかを確(たし)かめながら話す
- □ 発表の構成、流(なが)れがわかりやすい
- □ 調べたことと自分の考えを区別(くべつ)して話す
- □ 字の大きさやフォントが見やすい発表資料を作る
- □ 発表資料の中で、図(ず)や表(ひょう)を活用(かつよう)する
- □ 発表資料にたくさんの情報(じょうほう)を入れすぎない。大事なことだけを書く

他にもいろいろなことに気をつける必要があります。どんなにすばらしい発表でも、聞いている人に理解してもらわなければ意味がありません。聞いている人を見ながら、わかりやすい発表をしましょう。

また、発表の前に、クラスでどのような発表がよい発表か話し合っておくと、準備や発表のときに役に立ちます。自分たちが考える「よい発表」になるように、しっかりと準備しましょう。

[語彙リスト]

・流(なが)れ	どのような内容を、どのような順番(じゅんばん)で話すかということ／発表全体(はっぴょうぜんたい)の流(なが)れ、組(く)み立(た)て
・区別(くべつ)する	分(わ)けること／違(ちが)いがわかるようにする
・フォント	コンピューターで書く文字(もじ)の種類(しゅるい)やデザイン

社会起業家の取り組み(3)

貧困を解決するために

国内外の貧困をなくすために活動している社会起業家たちの取り組みを知り、貧困をなくすためには何が必要なのかを考えましょう。
このユニットでは、さまざまな社会起業家について、他の人の発表を聞いて質問をしたり、ディスカッションしたりします。

ユニット8の目標

4C		
内容 Content	□ 1. 社会起業家の活動について批判的に考える。	
言語 Communication	□ 1. 読んだ内容についてスライドを使って説明する。 □ 2. 他の人の発表を聞いて質問する。 □ 3. 自分の意見を主張する。	
思考 Cognition	□ 1. 発表を評価する。 □ 2. 社会起業家の活動のよい点や課題を考える。	
協学・異文化理解 Community/Culture	□ 1. 発表を聞いて他の人の価値観を知る。 □ 2. 社会起業家の活動と課題について関心を持つ。	

1 話してみよう

「よい聞き手」とは？

「よい聞き手」とはどのようなものでしょうか。発表を聞くとき、どのようなことに注意しながら聞きますか。特に大切だと思うものをチェックしましょう。

□ 話し手を見ながら聞く
□ 反応(はんのう)しながら聞く（うなずく、など）
□ 内容に気をつけて聞く（メモをとる、など）
□ 自分の知っていることがあるか考えながら聞く
□ 自分だったらどうかと考えながら聞く
□ クリティカルな視点(してん)を持って聞く（疑問(ぎもん)を持つ、など）
□ 質問や感想(かんそう)を考えながら聞く

2 発表してみよう・聞いてみよう

→「DL ポートフォリオ」

→「別冊ポートフォリオ」pp.16-17

テーマ「社会起業家」の発表とディスカッション

次のポイントに注意して発表を聞きましょう。

① どのような人たちを支援(しえん)の対象(たいしょう)にしていますか。

② どのようなソーシャル・ビジネスのシステム（仕組(しく)み）をつくりましたか。

③ 発表を聞いてよくわからなかったこと、疑問に思ったことをメモしましょう。

④ ディスカッション・ポイントについて、あなたの考えを話しましょう。

Point

p.128「発表の表現」とp.129「ディスカッションの表現」を使って話そう

Point

グループ・ディスカッションでどのような意見が出たのか、クラスの中で共有してもいいね

3 評価してみよう

→「別冊ポートフォリオ」pp.14-15

発表を評価し合う

他の人の発表を聞いて評価しましょう。

4 もっと調べてみよう

あなたの国の社会問題

❶ あなたの国には、どのような社会問題がありますか。

Point

自分の国について調べてみよう

❷ その問題を解決するために、どのような社会起業家が活動していますか。

❸ あなたは、その活動にどのような貢献(こうけん)ができると思いますか。

NPOについて

みなさんは、NGO、NPOということばを聞いたことがありますか。

NGOとは、Non-Governmental Organization（非政府組織）のことです。病気、貧困、飢餓、環境などの世界的な問題に対して、国や民族、宗教の違いにかかわらず取り組む団体のことです。国家や国際機関ではなく、市民や民間としての立場から働く団体です。ユニット4やユニット5に出てきた山本敏晴さんは、NGOの「国境なき医師団（MSF; Médecins Sans Frontières)」に所属していました。

一方、NPOとは、Non-profit Organization（特定非営利活動法人）のことです。一般的には、利益のためではなく社会問題の解決のための活動を行います。例えば、「NPO法人アラジ(Alazi Dream Project)」は、シエラレオネ共和国での就労支援を目的として、2017年に下里夢美さんが立ち上げました。現在、「こどもたちに教育を、大人たちに仕事を」を目標に、テイラー（伝統的な布で服などを作る人）の収入を支えるプロジェクトや、災害孤児支援・小学校支援・講演活動などを行っています。下里さんによると、高校生のときに、シエラレオネに関する番組（p.23で紹介した動画と同じもの）を観たことで、このような活動をするようになり、その映像の男の子の名前から、団体の名前を「Alazi（アラジ)」にしたそうです。講演を聞いた学生からは、「(活動について事前に調べたときは）もっと支援は大変だというお話をされるのかと思ったけど、全然大変という感じではなく、これが自分の仕事ですという気持ちを伝えられたのが意外でした」「シエラレオネは経済的には非常に貧しいが、格差がなく、治安がいいということを聞いておどろきました」という感想が出ました。調べるだけではなく、実際に活動をしている人の話を直接聞くと、支援活動がもっと身近に感じられて、今の現地の様子がよくわかると思います（オプションユニットp.117)。

［参考］
「特定非営利活動法人 Alazi Dream Project（NPO法人アラジ)」ウェブサイト
https://alazi.org ［2021年3月18日検索］

［語彙リスト］

・飢餓(きが)	食べ物がなくて困ること／飢(う)えること
・民間(みんかん)	国や政府(せいふ)でない団体(だんたい)や会社
・営利(えいり)	お金を稼(かせ)ぐこと／お金のために働くこと
・就労(しゅうろう)	働くこと／仕事をすること
・災害孤児支援(さいがいこじしえん)	地震、台風などで家族が誰もいなくなった子どもを助(たす)けること
・治安(ちあん)がいい	安全であること／犯罪(はんざい)が少ないこと

ユニット
UNIT
9

私たちにできること

できることを考え行動する

社会や世界をよりよいものにするための方法を考え、
行動してみましょう。
このユニットでは、グループで話し合い、
今、自分たちにできることや将来できそうなことについて考えます。
実行できそうなアイディアを出し合い、
社会や世界を変えるきっかけを作りましょう。

できるようになったら
チェックしよう！

ユニット9の目標

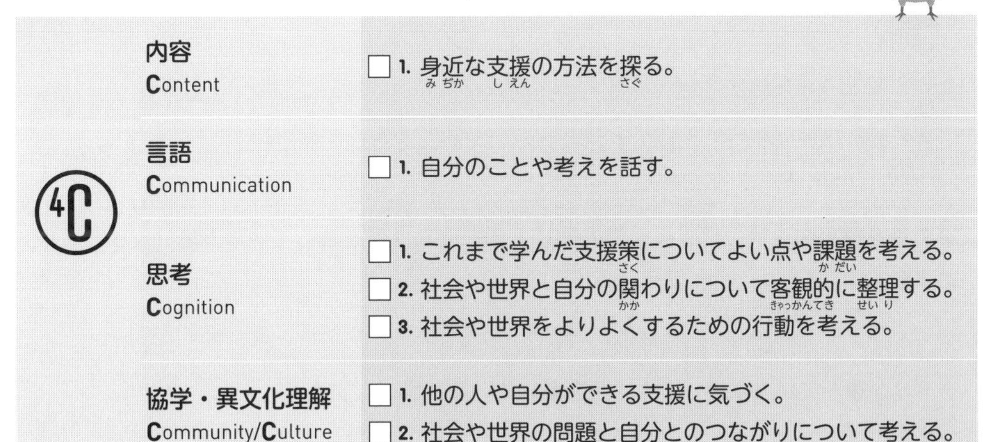

4C		
	内容 Content	□ 1. 身近な支援の方法を探る。
	言語 Communication	□ 1. 自分のことや考えを話す。
	思考 Cognition	□ 1. これまで学んだ支援策についてよい点や課題を考える。 □ 2. 社会や世界と自分の関わりについて客観的に整理する。 □ 3. 社会や世界をよりよくするための行動を考える。
	協学・異文化理解 Community/Culture	□ 1. 他の人や自分ができる支援に気づく。 □ 2. 社会や世界の問題と自分とのつながりについて考える。

読んでみよう

ハチドリのひとしずく

この物語は、南アメリカの先住民に伝わる話です。
この物語を読み、そのあと、グループで話してみましょう。

森が燃えていました

森の生きものたちは
われ先にと
逃げて
いきました

でもクリキンディという名のハチドリだけは
いったりきたり
くちばしで水のしずくを一滴ずつ運んでは
火の上に落としていきます

動物たちがそれを見て
「そんなことをして
いったい何になるんだ」といって笑います

クリキンディは
こう答えました

「私は、私にできることをしているだけ」

（辻信一（監修）（2005）『ハチドリのひとしずく——いま私にできること』pp.4-13／光文社）

❶ 火事の森を世界の現状に置き換えてみましょう。火事は何を表していると思いますか。

❷ ハチドリが運んでいる水のしずくは何を表していると思いますか。

❸ 声に出して読んでみましょう。

Keyword

先住民
しずく
一滴

Point

ハチドリの大きさを調べてみよう。くりるんよりも小さいよ

▼ハチドリ

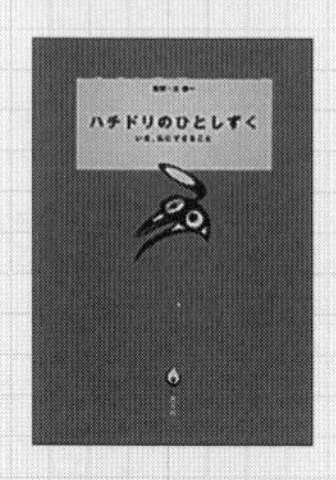

Point

❸は、速く読むのではなく、ゆっくりと声に出して読んでみよう。ストーリーの内容が伝わるよう、話すスピード、声の大きさ、文と文の間（ポーズ）を工夫してみて

2 考えてみよう

「別冊ポートフォリオ」pp.18-19

よりよい社会・世界にするには？

社会・世界と自分の関わりについて、客観的に整理して、考えてみましょう。

❶ あなたがどのような人なのか考えてみましょう。あなたがこれまでに学んできたこと（科目・専門）や、得意(とくい)なこと、興味のあること、大切にしていることは何ですか。

Point
自分は何を大切にしているのかな？何が得意かな？自分自身のことをよく考えてみよう

❷「自分／自分が大切だと思うもの（こと）」「授業で学んだこと」から連想(れんそう)できるキーワードを別冊ポートフォリオに書いて、つなげながら、たくさん挙げてみましょう。

Point
小さなことや身近なことも大切だよ

❸ あなたがこれまでに学んできたことや、得意なこと、興味のあることを結びつけて、社会や世界をよりよいものにするために今すぐにできることと、将来できそうなことについて話しましょう。

Point
できることから実行(じっこう)してみよう。教室から外へ、世界へ、つながりを広(ひろ)げてみよう。

3 話し合ってみよう

「貧困とは？」

もう一度「貧困とは」について考えてみよう。「貧困とはどのようなものか」「貧困の原因や背景は何か」「貧困をなくすためにどのような方法があると思うか」「自分に何かできそうなことがあると思うか」について話し合いましょう。

Point
ユニット1ので作成した付箋(ふせん)を貼った用紙に追加してもいいね

column

コラム

自分には何もできない？

日本の若者は、あまり世界や貧困について話し合うことがないといわれています。貧困や国際支援について意見を聞くと、「貧しい人を支援することは、人のためではなく自分の満足のため（ただの自己満足）ではないか」「支援している人を見るとすごいと思うが、自分にはできない」という若者は少なくありません。

本当に、自分には何もできないのでしょうか。自己満足は、いけないことなのでしょうか。自己満足の意味を辞書で調べてみると、「自分の行動や言動に対して自分で満足すること」と書かれています。これは、自分で何かの行動や言動をして初めて、自分で満足するかどうかが決まると考えることもできます。

社会の問題に対して何か調べたり行動したりする前に、「自己満足かもしれない」と思うのは、心配しすぎかもしれません。そんなふうに思ってしまうのは、もしかしたら、世界のために何か行動することを、特別な人にしかできないこと、と考えているからではないでしょうか。「これはただの自己満足だから」と考えて何も行動しないのではなく、自分はどんな人か、自分に何ができるのかから、考えてみませんか。

この本が、「～について知る」「～について知ったことを人に伝える」「自分も～してみる」という行動につながればうれしいです。

［語彙リスト］

・満足	十分だと思うこと／自分が思ったとおりになってうれしい気持ち
・言動	ことばや行動／言ったことやしたこと

エピローグ

ユニット UNIT 10

私たちが学(まな)んだこと

自分が学んだことをふり返(かえ)ろう

これまでに学んだことをふり返りましょう。
このユニットでは、他の人と一緒に学ぶことによって
自分の考えがどのように変わったか、
どのような新しい視点(してん)を持つようになったかを、
考えてみます。
最後に、ポートフォリオを見返(みかえ)して、
もう一度、貧困(ひんこん)について作文を書きましょう。
pp.ix-x の Can-do リストをチェックしてみましょう。

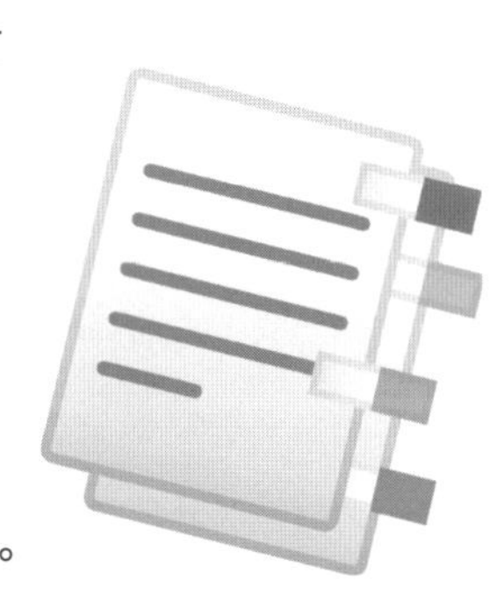

できるようになったら
チェックしよう！

ユニット10 の目標

4C		
	内容 Content	□ 1. 学んだことをふり返る。
	言語 Communication	□ 1. これまでの自分のポートフォリオや作文を見なおす。 □ 2. 自分の意見を作文にまとめる。
	思考 Cognition	□ 1. 学ぶ前と学んだあとの自分の考えを比べる。
	協学・異文化理解 Community/Culture	□ 1. ふり返ったことを他の人と共有(きょうゆう)する。

1 書いてみよう

作文のテーマ「貧困とは何か」

もう一度ユニット１と同じ「貧困とは何か」というテーマで作文を書いてみましょう。別冊ポートフォリオを見なおして、この授業で学んだことをふり返りながら書いてください。

→「DL ポートフォリオ」

→「別冊ポートフォリオ」pp.20-21

作文のチェックリスト

- □ 文法、語彙(ごい)、表現(ひょうげん)、文字が正確(せいかく)だ。
- □ 書きことばで書かれている。
- □ 文の並べ方、文のつなぎ方が適切(てきせつ)で、わかりやすい。
- □ 読み手が興味を持って読めるように工夫して書かれている。
- □ 読み手に最も伝えたい自分の意見が書かれている。

Point

作文のチェックリストを参考にしながら書こう

2 話し合ってみよう

自分の作文を比べよう

ユニット１とユニット 10 で書いた自分の作文を比べてみましょう。作文の内容(ないよう)や考えに、どのような変化(へんか)がありましたか。

- □ 新しい内容が増(ふ)えた。
- □ 自分の意見が具体的(ぐたいてき)に書けた。
- □ 自分の意見の論拠(ろんきょ)が書けた。
- □ 複数(ふくすう)の視点(してん)からの意見が書けた。
- □ 自分のことと結(むす)びつけて書けた。

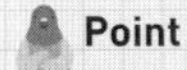

Point

ユニット１で書いた作文（「別冊ポートフォリオ」pp.2-3）と違いがあったかな？

3 ふり返ってみよう

自分の変化に気づこう

Point

pp.ix-x の Can-do リストもやってみよう

このテキストでは、「内容」「言語」「思考」「協学・異文化理解」という４つのことについて学ぶこととしていました。みなさんは、これらについてどのような成長がありましたか。次の「ふり返りポイント（例）」を見ながら、話し合ってみましょう。

ふり返りポイント（例）

4C

内容 Content	□貧困の現状について知っている。 □貧困の原因や背景を知っている。 □貧困に対する支援の方法について知っている。
言語 Communication	□世界の現状や支援に関する資料を読むことができる。 □わかりやすい発表をすることができる。 □作文やレポートで自分の意見を書くことができる。
思考 Cognition	□世界の現状や課題と自分との関わりについて客観的に整理できる。 □他の人と話し合いたいこと（ディスカッション・ポイント）を見つけることができる。 □問題を解決するための方法（貧困に対する支援など）や課題を考えられる。
協学・異文化理解 Community/Culture	□ペアやグループで発表の準備をすることができる。 □他の人の価値観を認めることができる。 □異なる環境に住む人々について関心を持つ。

ことばを学ぶ意味

ことばの学習の目的は、もちろん言語力を高めることです。しかし、それに加えて、新しいことを知ったり、クラスメイトとその問題を深く考えてみたりすることは、とても知的で、楽しい経験です。この本は、そのような日本語＋αを目指したものでした。ふり返りをしてみてどうだったでしょうか。みなさんはCLILの4C「内容」「言語」「思考」「協学・異文化理解」の中で何が一番身についたと感じていますか。4Cはお互いに関連しているので、どれが「一番」とは答えにくいかもしれませんね。ただ、言語力だけではなく、それ以外に多くのことに気づき、新しい知識や能力がついたと感じているのではないでしょうか。

あるクラスでは授業のあと、次のような感想が出てきました。

「思ったことや深く考えたことを話すことが一番大切、お互いに理解することができた」

「意見を聞きながら自分の考えは間違っていたかもしれないということにも気づいて、もっと深く考える力を養うことができた」

「貧困についてこれまであまり考えたことがなかったけれど、貧困はひとごとではない。自分なりの考えを持って、何か助けになることができるかなぁと考えた」

ことばを学ぶ意味は、新しい世界とつながり、同じことばを学ぶ仲間と共に共通の興味や関心について考えたり話し合ったりすること、新たな考え方や価値観を知り、私たちが進むべき道を見つけていくことではないでしょうか。

これからも、世界や社会の出来事に関心を持ち、考え、話し合い、行動していってください。この本が、みなさんの新しい世界が広がるきっかけになったのであれば、うれしいです。

[語彙リスト]

・伸ばす	上手になる／よりよくする
・知的	知識や考えが豊かなこと／考えが広がること
・きっかけ	何かが始まる原因や理由

オプション
ユニット
OPTIONAL UNIT

生の情報を得る

ゲスト・スピーカーの話を聞こう！

このユニットはオプションです。
国際協力や社会活動をしている人に、教室に来てもらったり、
またはオンラインで、直接話を聞いてみましょう。
有名な人でなくてもかまいません。みなさんの知り合いでもいいでしょう。
本や新聞、インターネットなどでは得られない生の情報が聞けるはずです。
ゲスト・スピーカーの話のあとに感想を話し合い、
これまでに学んだこと、これから学びたいことについて
さらに考えを深めましょう。
➡ゲスト・スピーカーがいない人は、pp.120-121 のシエラレオネの
問題解決のために活動している人の話を読んでみよう。

できるようになったら
チェックしよう！

オプション ユニットの目標

4C		
	内容 Content	□ 1. 国際協力に関わる人の活動について、その人の人生観や価値観も含めて知る。
	言語 Communication	□ 1. ゲスト・スピーカーの話を聞いて質問する。 □ 2. 感想を話し合う。
	思考 Cognition	□ 1. これまでの学習と結びつけて考えを深める。
	協学・異文化理解 Community/Culture	□ 1. ゲスト・スピーカーに質問し、ゲスト・スピーカーの考えや、クラスメートの考えを知る。

1 調べてみよう

ゲスト・スピーカーに話を聞く前に

ゲスト・スピーカーの活動について、あなたの知りたいことを調べて、紹介し合いましょう。

❶ ゲスト・スピーカーの話を聞く前に、まずゲスト・スピーカーの活動について、本やインターネットなどを使って調べましょう。

❷ ゲスト・スピーカーに何を聞きたいか、調べたことをもとに質問を考えてみましょう。まずは簡単な質問も含め、たくさん挙げてみましょう。そのあとで、質問を整理しましょう。

→「DL ポートフォリオ」(「ゲスト・スピーカーについて調べて、質問しよう」)

Point
ゲスト・スピーカーの名前、活動（いつから活動している? 主な活動は? どんな問題を解決しようとしている?)、あなたが知りたいことは?

2 聞いてみよう

ゲスト・スピーカーの話を聞こう

❶ ゲスト・スピーカーが気持ちよく話せるように、ゲスト・スピーカーを見ながら聞きましょう。

❷ 聞きながら、初めて知ったこと、考えたこと、感じたことをメモしましょう。

❸ 用意した質問をしてみましょう。

→「DL ポートフォリオ」(「ゲスト・スピーカーの話を聞こう！」)

Point
時々うなずいたり首をかしげたりしてゲスト・スピーカーに自分の気持ちを伝えるといいよ

Point
感情語（p.130）を参考にしてもいいよ

3 話し合ってみよう

ゲスト・スピーカーの活動についての感想と疑問（ぎもん）点

ゲスト・スピーカーの話を聞いて、疑問に感じたことや考えたことについて話し合いましょう。

4 書いてみよう

作文のテーマ「よりよい未来（みらい）をつくるには」

ゲスト・スピーカーの活動から学んだことをふまえて、「よりよい未来をつくるには」について考えて書いてみましょう。

→「DL ポートフォリオ」(「ゲスト・スピーカーの話を聞いたあとで『よりよい未来をつくるには』」)

子どもたちに教育を・大人たちに仕事を
—NPO 法人アラジ代表　ユメミ—

ユメミは山梨県で生まれ育ちました。小学校１年生の頃から鍵っ子で、お母さんは生活保護をもらいながら、町営団地に住み、女手一つでユメミを育てました。ユメミは小さいころ、両親が二人ともいて、休日にみんなで出かける家族がとてもうらやましかったことや、このように考えたことを覚えています。

「人は生まれた環境によって、その後の可能性が変わってしまう」

しかし、中学２年生のとき、お母さんが再婚しました。相手はなんと、母より 18 歳も年上の、成人している娘が３人もいる人でした。あっという間に名字が変わり、引っ越しをし、初めての家族と同居。思春期のユメミにとって、それはとても大変なことでした。でもお母さんはユメミにいつもこう言ってくれました。

「今から夢を描けば、なんにだってなれる どんなことにでも、挑戦していいんだよ」

高校生になると吹奏楽の部活に入り、勉強と部活の両立、家庭環境、どれも辛いことばかりでしたが、ユメミには明確な将来の目標ができました。

「将来はシエラレオネの貧困を解決するために行動する」

それは高校２年生のときにテレビのドキュメンタリーを見たことがきっかけでした。シエラレオネの男の子、アラジのストーリーは、ユメミのその後の人生全てを変えてしまうくらいの衝撃だったのです。シエラレオネで 2002 年まで続いた内戦で、国民の半分は難民となり、アラジの両親は、彼の目の前で首を切られ、亡くなりました。たった８歳の裸足のアラジ。内戦のショックで口が聞けなくなった兄や、足の悪いおばあさん、小さい弟たちを養うため、毎日少しのお金を稼いで生活しています。そんなアラジの言葉にユメミは強いショックを受けました。

「お腹が空いた、でも、勉強がしたい」

わずか８歳の戦争を体験した男の子が、勉強をすれば、家族を幸せにできるかもしれないと考えたことに、悔しくて涙が出てきました。それと同時に、シエラレオネで起きた出来事を無視し続ける、日本や世界に対して、怒りを覚えました。そして、こう思いました。

「私には、家族がいる、学校にいって、勉強ができる。夢を描けば、挑戦し、努力することができる」

ユメミは「国際協力」を学ぶために大学へ進みましたが、シエラレオネを専門に支援する団体は日本にはなく、青年海外協力隊もシエラレオネには派遣されず、シエラレオネには日本大使館もないということがわかりました。自分がやるしかありません。

「シエラレオネに挑戦しなかったら 絶対に後悔する」

「何でも挑戦していい」と言ってくれたお母さんは、大学卒業後、ユメミが就職せず、シエラレオネへ行くことに反対しませんでした。

ユメミはNPO法人「アラジ」を立ち上げ、今、現地スタッフと、日本のスタッフと共にシエラレオネの貧困問題の根本を解決することを目指して、支援活動しています。具体的には、テイラー（伝統的な布で服などを作る人）の収入を支えるプロジェクトや、災害で親を失った子どもの支援・村の小学校に教材を届ける支援・コロナや病気を防ぐための教育支援などです。シエラレオネの人々は不安定な生活の中でも、とてもポジティブです。そんな人々にユメミは元気をもらいながら活動をしています。

以下は、NPO法人「アラジ」の使命と目標です。

「子どもたちに教育を、大人たちに仕事を、共に創る」

「誰もが夢にむかって努力できる社会へ」

少年アラジは今、どこにいるのでしょうか、何をしているのでしょうか。誰にもわかりません。でもユメミはいつか会ってこう伝えたいと思っています。

「あなたがいてくれたから、今私がいるよ」

注）NPO法人：Nonprofit Organization（特定非営利活動法人）のこと。一般的には、利益のためではなく社会問題の解決のための活動を行います。

［参考資料］

・NPOアラジウェブサイト（2021.1.28確認）https://alazi.org/ouractivity/

（奥野由紀子「たどくのひろば　現代社会再考」より）

「たどくのひろば」ウェブサイト
https://tadoku.info/stories/gendaishakai/
［2021年7月1日検索］

USEFUL EXPRESSIONS

付録
APPENDIX
表現集

使える表現・感情語

各ユニットの活動をするときに使える表現と感情を表すことば（感情語）を集めました。

- ユニット 1　「話し合ってみよう」で使える表現
- ユニット 2　「説明してみよう」で使える表現
- ユニット 3　「ポスター発表をしてみよう」で使える発表の表現
  「ポスター発表をしてみよう」で使える質問の表現
- ユニット 4, 5　「発表してみよう」で使える発表の表現
  「発表してみよう」で使える質問の表現
- ユニット 7, 8　発表の表現
  ディスカッションの表現
- 感情語

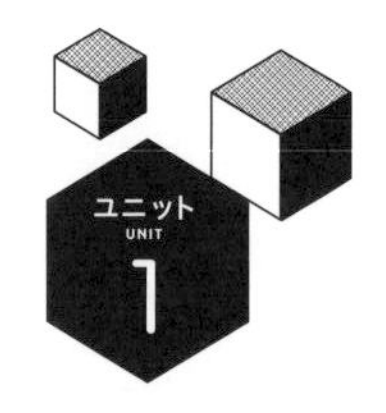

「話し合ってみよう」で使える表現

貧困について説明する表現

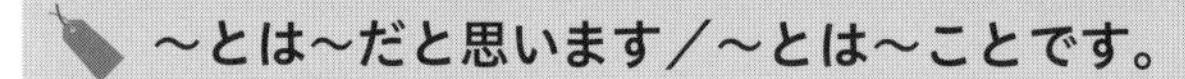

- ～とは～だと思います／～とは～ことです。

  例）貧困とは食料が不足している状態のことだと思います。

貧困の原因や背景を説明する表現

- ～の原因は～だと思います。
- ～が原因のひとつだと思います。
- ～の背景には、～があると思います。

貧困をなくすための方法を説明する表現

- 貧困をなくすためには、～が重要（必要）だと思います / じゃないでしょうか。
- ～という対策が必要（重要）だと思います / かもしれません。

他の人の意見を聞く表現

- 例えば、どういうことですか。
- 貧困をなくすためには、どのような対策があると思いますか。
- どうして、それが重要だと思いますか。

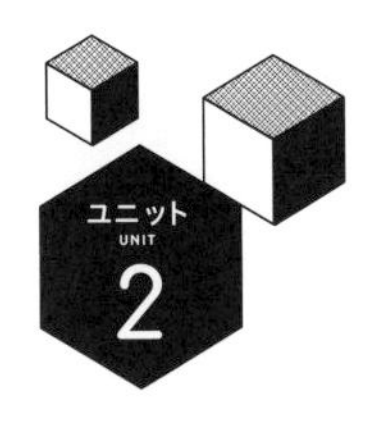

「説明してみよう」で使える表現

～ようになりました。

～てもらうことにしました。

～ことになりました。

～てしまいました。

～しかなくなりました。

例）仕事を辞めるしかなくなりました。

～ざるを得なくなりました。

例）仕事を辞めざるを得なくなりました。

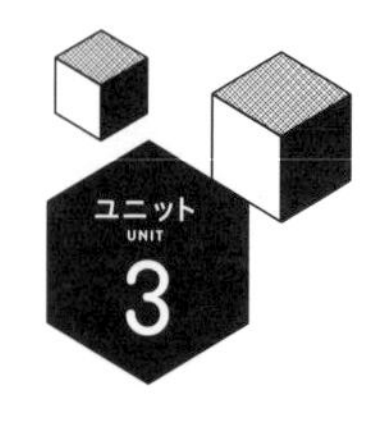

「ポスター発表をしてみよう」で使える発表の表現

- **私たちは〜について調べました。**
- **〜ということがわかりました。**
- **〜によると、〜ということです／〜そうです。**

  例）WHO によると、感染者は減っているということです／そうです。
- **〜年から〜年まで内戦がありました。**
- **よって／そのために、〜になりました。**

- **〜については、まだ調べられていないので、後日、お答えします。**
- **その点については、今後の課題とさせていただきます。**

「ポスター発表をしてみよう」で使える質問の表現

- **〜は、どういうこと／意味ですか。**
- **今／現在の状態はどうですか。**
- **〜について、もう少しくわしく説明していただけませんか。**
- **〜には、デメリットはないんでしょうか。**

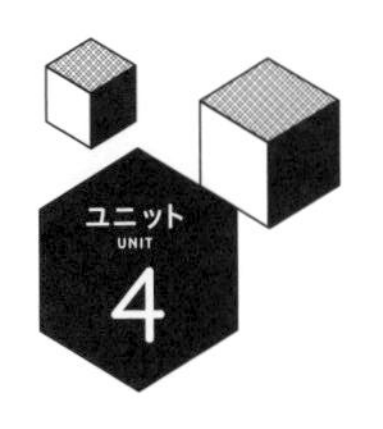

「発表してみよう」で使える発表の表現

- 私は〜を担当しました。
- 〜では、〜や〜について書かれていました。
- 〜は〜だそうです。
- 〜とは、〜こと／のことです。

  例）エイズとは、血液や体液、母乳から感染する病気のことです。
- ここで著者が言いたいことは〜だと思います。
- 最も印象に残った点は〜です。なぜなら、〜

「発表してみよう」で使える質問の表現

- 〜についてどう思いましたか。
- 具体的にどういうことですか／どのようなことがあったんでしょうか。
- 具体的なエピソード／活動を教えてもらえますか。
- それは文章のどこに書いてありましたか。
- なぜその点が印象に残ったんでしょうか。

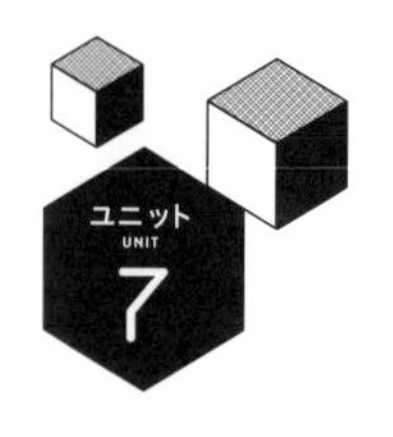

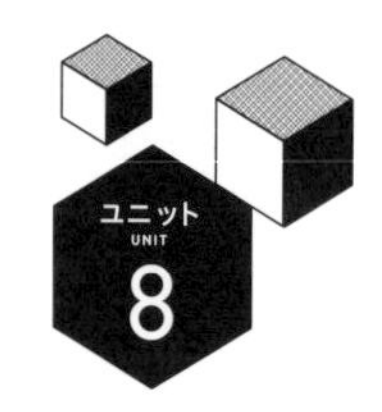

発表の表現

私たちは～という本について発表します。

本の著者は～

～とは～

例）フェアトレードとは～、TFT とは～

著者の伝えたいことは～だと思います。

著者は～という問題意識を持って

例）著者は教育の機会が少ないという問題意識を持って新しい会社をつくりました。

著者は～の経験を通して（をきっかけに）～

例）著者は外国での経験を通して（をきっかけに）会社をつくりました。

私たちはこの本を読んで～と考えました。

～さんは、～のような活動をしていますが、これについて私たちは～と考えました。

私たちがみなさんと話し合いたいことは～

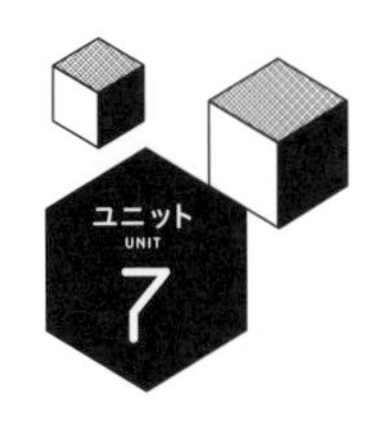

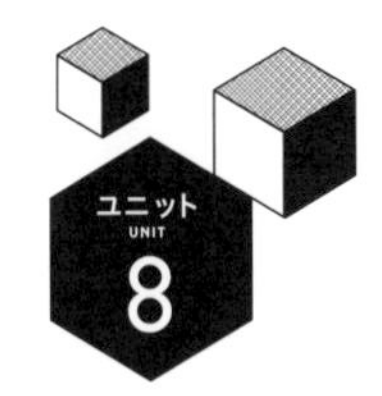

ディスカッションの表現

自分の意見を話すときの表現

＜ディスカッション・ポイントの例＞
ボランティアは無償(むしょう)でするべきという考え方に賛成(さんせい)ですか、反対(はんたい)ですか。

- **私は～という考え（考え方）に賛成／反対です。**
- **私はどちらかというと、～に賛成／反対です。**
- **この点に関(かん)しては、～と思います。**
- **どうしてかというと、～**
- **本にも書いてあったとおり、～**

  例）本にも書いてあったとおり、ボランティアを無償ですると長く続けることが難しくなるんじゃないか、と思うんです。

質問するときの表現

＜ディスカッション・ポイントの例＞
日本でフェアトレードの商品(しょうひん)を広めるために何ができると思いますか。

- **～さんは、～とおっしゃいましたが、それはなぜそう思ったんでしょうか。**
- **～（ため）には、どうしたらいいと思いますか。**
- **～について、もう少しくわしく説明していただけませんか。**
- **～には、デメリットはないんでしょうか。**

  例）フェアトレードには、デメリットはないんでしょうか。

感情語

うれしい気持ち（きも）

- 幸せ（しあわ）
- 気が楽になる（き らく）
- 安定する（あんてい）
- 落ち着く（お つ）
- 気に入る（き い）
- 愛情を感じる（あいじょう かん）
- 期待する（き たい）
- 希望を感じる（き ぼう かん）
- ありがたい
- 感謝している（かんしゃ）
- 憧れる（あこが）

感動と驚き（かんどう おどろ）

- 感動する（かんどう）
- 感心する（かんしん）
- 救われる（すく）
- 喜ぶ（よろこ）
- すっきりする
- 心がふるえる（こころ）
- 意外（い がい）
- 驚く（おどろ）
- 想像以上（そうぞう い じょう）
- 力強い（ちからづよ）

怒りと不満（いか ふ まん）

- 我慢できない（が まん）
- 怒りがこみ上げる（いか あ）
- 飽きる（あ）
- しつこい
- くだらない
- 意地悪（い じ わる）
- 羨ましい（うらや）

怖い気持ち（こわ き も）

- 恐ろしい（おそ）
- 恐怖を感じる（きょう ふ かん）
- ぞくぞくする
- ぞっとする
- 体がふるえる（からだ）
- ハラハラする
- ドキドキする
- 衝撃を受ける（しょうげき う）
- 緊張する（きんちょう）
- 不安になる（ふ あん）
- 残酷（ざんこく）

苦しい気持ち（くる き も）

- 苦しい（くる）
- 苦労する（く ろう）
- 苦痛を感じる（く つう かん）
- 傷つく（きず）
- 嫌う・嫌い（きら きら）
- 憎む・憎い（にく にく）

悲しい気持ち（かな き も）

- かわいそう
- 気の毒（き どく）
- 心が痛む（こころ いた）
- 悲しむ（かな）
- 涙が出る（なみだ で）
- 切ない（せつ）
- ため息が出る（いき で）
- 悩む（なや）
- 迷う（まよ）

残念な気持ち（ざんねん き も）

- 悔しい（くや）
- 諦める（あきら）
- がっかりする
- 恨む（うら）
- 失望する（しつぼう）
- あきれる
- ためらう
- 残念（ざんねん）

付録
APPENDIX
ユニット6 読解資料

社会起業家の取り組み

国内外の貧困をなくすために活動している社会起業家たちの取り組みについて読んでみましょう。

『おしゃれなエコが世界を救う——女社長のフェアトレード奮闘記』

サフィア・ミニー　（2008年、日経BP社）

▶ p.132

『[完全版]「20円」で世界をつなぐ仕事——想いと頭脳で稼ぐ新しい働き方』

小暮真久　（2018年、ダイヤモンド社）

▶ p.148

資料①

『おしゃれなエコが世界を救う——女社長のフェアトレード奮闘記』
（サフィア・ミニー、2008年、日経BP社）

バブル全盛の六本木で孤立する

私が夫のジェームズといっしょにイギリスから日本へやって来たのは、90年のことです。このとき、私は25歳でした。

当時の日本は、あのバブル景気のころで、ムダづかいをあおるような雰囲気がありました。消費をとことん楽しみ、お金をどんどん使うのがカッコいい。そんな世の中だったのです。

日本に来てすぐに、ジェームズと私は、東京の六本木に住むことになりました。
六本木は、おしゃれなナイトスポットや話題のお店がひしめく東京の中心。最初のうちは、街を歩いたり、ナイトクラブに通ったりと、私たちもそれなりに楽しんでいました。

でも、そんな娯楽には、すぐに飽きてしまいました。

そして、代りに身体的な不快感が日に日に強くなっていったのです。

耳ざわりな騒音。

街をつつむ悪臭。

プールの水のようなニオイのする水道水。

六本木というと、「おしゃれで、都会で、最高の場所」と思う人もいるかもしれません。でも実のところ、住むには最低でした。あいさつを交わすようなご近所づきあいもありません。どの人も冷たく、高飛車な感じがしました。

ときおり、投資顧問会社に勤める夫の仕事の関係で、海外からやって来た駐在員の集まりに顔を出すことがありました。でも、エリートサラリーマンの奥さんたちの話題には、ついていけないことがしばしばでした。週末になると、高級車を走らせては、水上スキーだの高級レストランだのにくりだし、やりたい放題に遊ぶ。そんな生活には、興味もなければ魅力も感じられなかったのです。

私は、大都会で自分ひとりだけ取り残されていくような感覚をおぼえるようになりました。

外国人のコミュニティは、日本人と交流を持とうとせず、排他的につるんでいました。かといって、高級住宅街に住む日本人の奥さんたちの集まりに参加したいとも思えませんでした。外国人のコミュニティと同じで、遊んでばかり。「本当に日本人らしい日本人は、いったいどこにいるの？」と思っていました。

あのころの私は、外国人コミュニティの一員になるか、それとも日本人の奥さまコミュニティの一員になるか、どちらかを選べと迫られているような状態だったのかもしれません。でも、私が関心を持っている環境問題や発展途上国の貧困問題の話をしたくても、わかってくれる人はどちらにもいなかったのです。

しばらくは、こうして居心地の悪い日々が続きました。

覚えたての日本語でレジ袋を断る

バブル全盛の六本木に住んでいた人たちは、高価な家具や家電製品を、次から次へと買い換えていました。新しいモデルが発売されると先を競って購入し、まだ使えるものを捨ててしまうのです。モノをムダに使う人の考えには、まったく納得がいきませんでした。

とはいえ、その当時は、そうやって消費するのが当たり前だったのです。買っては捨て、捨ててはまた買う。今でこそ「エコロジー」や「もったいない」といった言葉はありますが、バブルのころにそんなことを言う人はいませんでした。

先進国では、人間の豊かさを、お金やモノではかろうとします。そんな常識に、私はずっと疑問を抱いていました。まだ使えるモノを捨てることは、本当に豊かな証拠なのでしょうか。

そのころは、夫の仕事のお得意先から、食べ物や、日用品、インテリア雑貨など、いろんなものをいただくことがありました。でも、そのいただいたものの包装が、スゴイのです。

包装紙を開いて、箱をあけて、その中にまた箱があって……。

「なにこれ？　どうしてこんなにたくさん包む必要があるの？」

包みを開いて中身にたどりつくまでにウンザリしてしまうこともしばしば。せっかくのいただきものでも、過剰な包装にストレスを感じてしまうのでした。

「もらいものはしょうがないけれど、せめて自分で買い物するときだけでも、ムダな包装をなくすようにしよう！」

そう考えた私は、ショッピングバッグを持ち歩くようにしました。レジ袋をできるだけ断れば、その分ゴミを減らせるはず。

「そのままでいいです」

買い物のとき、初めて覚えた日本語で、レジ係の人にそう伝えました。

今なら、レジ袋を使わないこともふつうになり、ショッピングバッグを持ち歩く人もたくさんいます。でも当時は、レジでそんなことを言う人はいませんでした。

私は、買い物をするたびに、

「ヘンなことをいう、ヘンな外国人」

と、不思議そうな顔で見られました。

茶道で知った日本のエコロジー

日本での暮らしは、思いもよらないストレスの連続でした。

何よりもショックだったのは、自分がプロフェッショナルだと見なされていないこと。エリートサラリーマンの妻は、家でだんなさまのためにご飯をつくり、掃除をし、性生活を充実させることが会社から期待されているようでした。でも私には、世話をする子どももいないのに家にこもっていることが時間の無駄に思えました。

ロンドンでは、出版業界で働いていて、雑誌での仕事が認められて表彰されたこともありました。自分で設立したマーケティング会社を経営して、キャリアに自信もありました。男性に食べさせてもらう女性にはなりたくない！　とずっと思っていたのに、今の自分は何なのだろう……。

生まれて初めて、自分が差別されているような気がしました。

(これじゃいけない！　せっかく日本に来たのだから、もっと勉強しなきゃ……)

落ち込んでばかりいた私は、日本語学校に通うことを決意しました。

日本語をうまく話せるようになるだろうか。学校にはどんな人たちが通っているんだろう……。

初めは不安もありましたが、いざ飛び込んでみると、そこはがんばって日本語を覚えようとする意欲にあふれた生徒ばかり。日本のホームレスを支援するために、はるばるインドやイタリアからやって来たというシスターや宣教師たちもいました。

日本語は予想以上に難しく、授業はたいへんでしたが、熱心な生徒たちといっしょに勉強に打ち込んでいると、日本に来て初めて充実した時間を過ごせたのです。

こうして、日本での生活がイキイキしたものに変わっていきました。

毎日の会話が日本語でできるようになると、今度は茶道にチャレンジしてみたくなりました。

「日本を代表する伝統文化を、ぜひとも学んでみたい」

「せっかくマスターした日本語をためしてみたい」

そんな気持ちから茶道教室にいってみると、おどろきの連続でした。

茶室でのやり取りには、聞いたことのない言葉や、言い回しが、次々と出てきます。

「けっこうなお手前で……」

「お先にちょうだいいたします」

「ごいっしょに拝見いたしましょう」

お稽古を始めてすぐ、茶道での言葉づかいが、ふだんの会話とはまったくちがうことに気づきました。茶事という伝統文化のなかで特別な言葉を用いるということが、とても新鮮に感じられたのです。

さらに感動したのは、茶道で使う焼き物の器、抹茶を入れる棗、茶杓などのお道具が、すべて職人の手でつくられたものだということ。東南アジアやアフリカのワイルドな工芸品も魅力的ですが、日本の焼き物の微妙な色合いや手触り、棗に描かれた繊細な蒔絵にはまったく違うすばらしさがあります。日本ならではの深いおもむきと洗練、わびさびです。

茶道では、いただく和菓子から茶室の内装、掛け軸、お花など、すべてのディテールに季節が感じられます。自然とのつながりを大切にしていることに、深く感銘を受けました。

正直なところ、日本に来たばかりのころは、がっかりしていました。目に飛び込んでくるのは、アメリカをまねた大量消費文化ばかり。「日本の個性はいったいどこにあるの？」と、期待外れな日本の姿に、半ば失望しかけていたのです。

ところが、茶道と出会ったことで、私は日本が大好きになりました。もの静かで、落ち着いていて、ムダのないシンプルな美しさ。なんて魅力的な文化なんだろう。茶道はまさに日本のエコロジーの真髄かもしれない！

茶道のときに着る美しいキモノも大好きになりました。肌襦袢、長襦袢をつけて、キモノを着て、帯をギュッとしめる。その緊張感もいい。

お茶をいただく時間は、日本の魅力をしみじみと楽しめる最高のひとときです。

小さな陶芸店での出会い

私が茶道に夢中になったのは、日ごろからムダのないシンプルな暮らしを心がけているからかもしれません。

ふだん使うもの、食べるものも、「地球にやさしく、人にやさしい」という基準で、選ぼうと決めていました。リサイクルされた商品、化学肥料や農薬を使わないオーガニックの食材、そして立場の弱い途上国の生産者を支援するフェアトレードの製品。なるべくこういったものを買えば、それだけ環境にも人にもプラスになるはずです。

でも、東京ではどこにいけばこういったものが手に入るのか、さっぱりわかりませんでした。周りの知人にたずねてみても、誰ひとりとして知らないどころか、「なぜそんなものを欲しがるの？」と首をかしげるのです。当時の日本では仕方のないことだったのかもしれませんが。

＜略＞

日本人向け商品をつくりたい

＜略＞

フェアトレードの商品づくりにチャレンジしよう。私は一念発起し、トレードクラフトのマーケティング・マネージャーに自分の考えを相談しました。

フェアトレード商品を作るなら、現地の生産者に直接会わなければ！

私はそのころ、トレードクラフトの販売代理店として上位の成績を収めていました。トレードクラフトの本部にたびたび商品について意見を出したことが評価され、内部の商品選定会議に招待されて商品企画やマーケティングのアイディアを発表したこともありました。このときは、生産者を直接訪れて自分で商品開発したいと提案したところ、こころよく認められたのです。

こうして初めて、バングラデシュの女性生産者組合を訪ねることになりました。

そのコミュニティでは、地元でとれる麻や水草を使って手工芸品を作っていました。おどろいたことに、女性たちはみな立派に自立していました。フェアトレードで稼いだお金を、教育や、家のリフォームに使ったり、女性みずからお店を経営したり、畑をつくったり、家畜を飼ったり。イスラム教の国では、もともと男性が優位の社会のはずです。働くのも、事業をおこすのも、お金の使いみちを決めるのも、すべて男性の手にゆだねられています。でも、このコミュニティでは、むしろ逆。家も仕事も女性が中心で男性はそれを手伝っており、男女が対等なパートナーとして働いていました。

「女性の立場が弱いといわれるバングラデシュのなかで、こんなに自立している女性たちがいるなんて……」

深い感動をおぼえながら、彼女たちの働く現場を観察し、仕事ぶりを見て、取り引きすることにしました。

それから毎年、商品開発のためにバングラデシュを訪れるようになり、94年にはジンバブエ、ケニア、インド、フィリピンにも足を伸ばしました。取り引きするために、各地のグループを見て回ったのです。

フィリピンでは、生産者のいる村にボートで向かいました。到着するのが遅くなってしまい、一晩しか滞在できなかったため、3人の女性たちと夜通しビーズのアクセサリーの新商品を考えました。次の日が地元の大きなお祭りだったため、夜中に豚を絞めていたらしく、サンプル作りをする間じゅう豚の泣き声があちこちから聞こえたのを覚えています。気づいたら朝になっていて、ちょっと眠ってシャワーを浴びたあと、教会のミサに出席しました。

フィリピンは、人びとの政治的な意識が高い国で、実に多くのNGOが活躍しています。教会でのミサには、米農家の人たちが集まっていました。みんなで賛美歌をうたい終えると、神父さんがWTO（世界貿易機構）について話し始めたのでびっくりしました。

神父さんは、自由貿易が農家の人たちの生活をどう苦しめているかについて話してくれました。その地域は識字率も高くないはずでしたが、住んでいる人たちが政治にとても関心を持っているということがわかり、エキサイティングでした。世界の経済システムの片隅でつぶされそうになっているときには、知識を身につけて立ち上がらなければいけないということでしょう。

フェアトレードの商品を新しく作るためには、トレードの仕組みそのものから考えなくてはなりません。そのためにも、途上国に行って自分の目で見なければならないのです。それぞれの地域に伝わる技術や自然の素材を生かせて、先進国の消費者にもアピールできるような、すてきな商品を作ろう！　生産者たちの仕事を見ながら、あらためてそう思ったのでした。

ボランティアから会社へ

フェアトレードの商品が増えるにつれ、グローバル・ヴィレッジの活動はどんどん大きくなっていきました。スタッフも８人になり、ボランティアではなくお給料を払って働いてもらうようになりました。

そうなると、銀行からお金を借りなければなりません。スタッフのお給料のほかに、フェアトレードの生産者に代金の半分を前払いするための資金も必要です。取り引きが増えるにつれて、自分たちのお金だけではとてもまかないきれなくなりました。

代金の半分を前払いするのは、有機栽培や手織りなど、手間や時間のかかるものを作る生産者に対し、できあがるまでの生活を保障するためです。

銀行からお金を借りるために、グローバル・ヴィレッジのフェアトレード部門を法人にすることにしました。私とジェームズ、そして村田薫さんの３人で出資して、95 年に「フェアトレードカンパニー株式会社」を設立しました。

グローバル・ヴィレッジの活動を始めてから４年ほどが過ぎ、フェアトレードを中心にたくさんの情報を発信しながら、私たちの活動はさまざまに広がっていました。

国際協力のイベントを企画したり、インターナショナル・スクールの学園祭にブースを出して商品を販売したり、リーフレットを配ったり。すると、雑貨店やエコロジー・ショップから、「商品を仕入れたい」という引き合いがくるようになりました。

そうやって取り引きしてくれたショップのオーナーさんたちは、自分も環境や社会の問題について活動している人たちです。単なる取引先としてだけでなく、フェアトレードを広めたいという思いを共有する仲間として、商品を販売し、環境問題や社会問題について多くの人に情報を伝えてくれました。

株式会社を設立した当時は、フェアトレード商品の通販カタログを年に２回、4000 部ずつ発行し、全国 15 の店舗に商品を卸すまでになっていました。A3 用紙１枚でスタートしたカタログも、そのころは、24 ページの冊子になっていたのです。

環境問題にファッションで挑む！

93年にバングラデシュに行き、草木染めの麻ひもや手すきのカードといった新しい商品を作り始めると、カタログで紹介する商品のバラエティも増え、お客さまからは「商品がよくなった」という声をいただき、手ごたえを感じるようになりました。

私には、どうしても実現させたいことがありました。

それは、「フェアトレード・ファッション」

かつて、フェアトレードのカタログを見ても自分が着たいと思える服がなかった経験から、「おしゃれじゃなくちゃ、買ってもらえない。

誰もが着たくなるようなかっこいい服を、自分で作ってみたい」

という気持ちが私のなかで育っていたのです。

フェアトレードだから買ってもらえるのではなく、デザインがよくかっこいいから買ってもらえるようになれば、フェアトレードがどんどん広まるはず。

それに、22歳のとき出会ったアジアの国々のすばらしい伝統技術も忘れられませんでした。バングラデシュで知った伝統の刺繍「ノクシカタ」や、失われつつある手織りの技術……これらを今のファッションに生かせれば、きっとすてきなコレクションになるはず。そう思って、出張のたびに生産者団体のストックから生地を選んで持ち帰り、その生地にあうデザインを考えたりしていました。

そのころ、私はコットンに関するショッキングな事実を知りました。インドのNGOの調査によると、インドではコットンの栽培におそろしいほどの量の農薬が使われており、危険性を知らずに農薬を使っている農家の人が体を悪くしたり、土に染み込んだ農薬が近くの川を汚して、魚がすめなくなっているというのです。

コットンは私の大好きな素材。服を選ぶときはなるべくナチュラルなものをと考えて、いつもコットンなどの自然素材を選んでいました。ところが、「農薬漬けのコットン」のことを知って、いてもたってもいられなくなりました。

インドではかつて、農薬なしでコットンを栽培していました。栽培方法を変えてしまったのは、60年代の「緑の革命」のときです。

「緑の革命」では、途上国の農業の生産高を増やすために、先進国の企業が農薬や化学肥料、品種改良された種子を持ち込みました。たしかに一時的には収穫量は増えたのですが、土壌がわるくなったり、農家の人が健康を害したりといった問題が起きたのです。インドは現在、世界第3位のコットンの産地で、国土に占めるコットン畑の面積は5パーセント。でも、コットン栽培に使われる農薬の量は、インド全体で使われる農薬の54パーセントにものぼっています。

コットンは「ホワイト・ゴールド」つまり「白い黄金」と呼ばれ、人びとを貧困から救う作物と期待されていました。昔は農薬を使わない栽培ができたのだから、今もきっとできるはず。

「無農薬でコットンをつくっている農家を探して、原料を調達しよう」

そんなプランを立てて、まずは現地調査を始めることにしました。

インドのNGOやヨーロッパのフェアトレード団体などに尋ねると、オーガニック農法でコットンを栽培している農家の組合がいくつかあることがわかりました。そのうち最初に訪ねたのが、中部のマハラシュトラ州にある農家組合。従来農法からオーガニック農法に転向したいという有志の農家が90年に集まり、ドイツ政府から助成金を受けてオーガニックの技術を学びました。組合長のスベダールさんは、そのときの苦労を語ってくれました。

「伝統農法のノウハウを集めるのにたいへんな労力がかかりました。何千年も代々伝えられてきた知恵が、『緑の革命』ですっかり失われていましたから」

それでも少しずつ、雑草や牛糞を肥料にしたり、天敵を使って害虫を退治する方法を試していくうちに、農薬や化学肥料を使わない栽培ができるようになりました。

私たちは、さっそくこの組合にコットンの購入を申し込みました。といっても、コットンは倉庫にいつでもあるわけではありません。オーガニック栽培は手間がかかるので、農家は買い手がつかないと栽培を始めないのです。種まきの時期に代金の半額を払っても、コットンが収穫されるのは9ヶ月後。信頼関係がなければ取引できません。

あるときは、別の農家組合からコットンを買い付けて代金を支払ったのに栽培がうまくいかず、コットンを納品してもらえなかったこともありました。収穫がなく収入もない農家から無理やり代金を回収することもできず、私たちが損害を負担せざるをえませんでした。

オーガニック・コットンの調達は少しずつ進みましたが、次の問題は生地の品質でした。

生地にところどころコットンの殻が混じっていたり、それが原因で染色にムラが出ることがたびたびあったのです。コットンの加工にはいくつもの工程があります。種を除き、紡いで糸にし、織りや編みで生地にして染色する。それぞれの工程は別々の場所で行われるため、問題が起きてもなかなか原因を突き止められませんでした。

　私は、製品の縫製を担当する「アシシ・ガーメンツ」のシリルさんとそれぞれの作業所を何度も訪ねました。

「私たちは将来、オーガニック・コットンの扱い量をもっと増やしたいのです。でも、品質がよくなければお客さまに買ってもらえません。なんとか改善してください」

　でも、作業所のオーナーは自分の担当の仕事しか知らず、自分のところに責任はないというばかり。けっきょく、断片的な情報を集めて試行錯誤で改善していくしかありませんでした。

　こうして、手探りで少しずつ製糸や生地づくりのやり方を見直し、生地の品質も上がっていきました。製品も、Tシャツやカットソー、下着、ベッドリネンまでバラエティが広がりました。

　アシシ・ガーメンツにオーガニック・コットン製品の縫製を発注した最初の年には、そこで働いている女性は10人足らずでした。アシシ・ガーメンツは、耳の不自由な女性や貧困家庭出身の女性が収入を得るために設立された縫製の作業所で、カトリックのシスターによって運営されています。私たちは年々発注を増やしていき、今では150人が働くまでになりました。

　コットンの仕入量も拡大し、北西部のグジャラート州の農家組合とも取引するようになりました。ここでは、農家組合がコットンの栽培から収穫までだけでなく、種を除き糸に加工するまで自分たちで管理するという画期的な計画が進行中です。

　もうひとつ、衣料品に使われる染料についても課題がありました。90年代後半に「アゾ系」という種類の染料の成分に発ガン性が疑われることがドイツでわかり、アゾ系染料を使用した製品の販売が法律で禁止されたのです。

　日本では今でもアゾ系染料の使用は規制されていませんが、私たちは人びとの健康を優先したいと考え、自分たちの衣料品に使う合成染料はすべてアゾを含まない「アゾ・フリー染料」にすると決めました。けれどもアゾ・フリー染料は簡単に手に入るものではなく、とくに途上国では値段が通常の染料の 10 倍もすることがあり、小規模の生産者団体にとっては調達が大変です。

そこで私たちは、生産者団体が染料メーカーを調査したり購入したりするのを手伝うことにしました。インドやバングラデシュ、ネパールなどの規模が比較的大きい団体にアゾ・フリー染料をまとめて調達してもらい、小さな団体に回してもらいました。

そして、生産者自身にもアゾ・フリー染料について学んでもらう必要があります。専門知識をもつ技術者を探し出し、染色職人に安全な作業のやり方を教えるための研修を開いてもらったり、染料の成分を調べる方法について聞いたりしました。また、こういった活動を支えるため、アゾ・フリー染料を使った商品を長期にわたって買いつけると生産者に約束もしました。

今では、私たちの衣料品はすべて、アゾ・フリー染料か自然素材の草木染めで染色できるようになったのです。

手織りのシャツをつくろう

オーガニック・コットンや安全な染料を使った「人と環境にやさしい服」ができたのは、大きな前進でした。

そして、私がもうひとつ実現したかったのは、伝統技術を生かした「手織りの服」。

かつてトレードクラフトで扱っていた手織りのシャツに触れたとき、機械でつくった製品にはない、独特の手触りにとても感動しました。そして、私がこの生地の服をぜひとも着てみたいと思ったのです。

手織りの服をお願いしたのは、バングラデシュの生産者団体「スワローズ」です。

スワローズのあるタナパラ村は、首都ダッカから車で 5 時間もかかる北東部の農村地帯にあります。スワローズを初めて訪れたのは 96 年でした。

このあたりは、かやぶき屋根の家があちこちに残る、自然が豊かな地域です。土のにおいからは季節が感じられ、家々の壁を照らす太陽の光はあたたかく、どの家も小さな庭でにわとりを飼ったり畑を耕したりしていました。

そして、きょうだい、おじ、おば、いとこなどみんながひとつの家族になって、助け合って暮らしていたのです。

(何てすてきなんだろう。この感じを、商品を通じてみんなに伝えたい！)

　スワローズの代表をつとめるライハン・アリさんは、バングラデシュでの私たちの活動を聞いて、取り引きの話に積極的に応じてくれました。

「うちでは、糸を染める作業から、はた織り、縫製まで、すべてひとつの作業所でやっています。作業しているのは、みんな女性です。タナパラ村では、70年代始めの独立戦争のときに、成人の男性がパキスタン軍にすべて殺されてしまったのです。だから、生活のために女性が家の外で仕事をするしかありませんでした」

　もうすぐ40歳になろうとしていたライハンさんは、おだやかな口調で、つらい村の歴史を話してくれました。

「私は、あのとき14歳で、体も小さかったので、なんとか殺されずにすみました。でも、父も、祖父も、叔父も、働き手となる男の人はみないなくなり、残された女性たちは、はた織りでなんとか生計を立ててここまでやってきました。だから、この村の女性はとても強く、たくましいのです」

　はた織りは力がいるので、伝統的には男性の仕事とされています。でもスワローズでは、一家の大黒柱となった女性たちが織り機をあやつっているのです。作業所では20代から50代くらいの女性たちが、軽快なリズムで織り機を動かしていました。

　そのころスワローズは、20年間支援を受けていたヨーロッパの団体から助成金を打ち切られ、新たな収入源を探していました。しかし、商品開発のノウハウもなく品質もよくなかったため、売り上げは伸び悩んでいました。

　スワローズの手織りの布はすばらしいできでした。できるなら、この布で服を作ってみたい。でも、デザインや縫製については、とてもそのままでは日本で売れそうにはありませんでした。

　日本人が満足できる商品を作れるだろうか。そんな不安が頭をよぎりました。

でも、タナパラ村の豊かな自然と、女性たちの働きぶりを見て、私の気持ちは決まりました。

「もう、やるしかない！」

　そう決意した私は、その場でかんたんなパターンをわたして、サンプルを仕上げてもらうようお願いしました。

商品を作るときは、まず生産者がどんな技術と材料をもっているのかを知るために、手織り生地のサンプルや刺繍のモチーフなどを見せてもらいます。生産者にとっては当たり前の伝統技術であっても、日本などの先進国では珍しく、新鮮に思われるものがたくさんあります。

アンテナを張り巡らし、モノを見る目を光らせていれば、いいものはたくさんみつかります。たとえば、バングラデシュにもともとあったギンガムチェックの布地は、日本でもきっと受け入れられるはずだと思い、タンクトップやスカートに仕立ててもらいました。チェック柄は、2008年の日本やヨーロッパのファッション・トレンドとぴったり重なったので、私たちのフェアトレード・ブランドのコレクションでアクセントとして使っているのです。

生地や刺繍のサンプルをもとに、東京のチームがデザインを考案。サイズ指示してパターンを作成してもらい、生地の生産、縫製へとすすみます。

どの段階でも、商品をよりよくするために知恵を絞り、つねに検討を重ねていくのです。

スワローズの場合も、やはりいくつかの試行錯誤が必要でした。できあがったサンプルは、悪くはないけれども、思った以上に縫製があらい。どうすれば縫製のウデをあげられるか、決められた期限のなかで最大限の仕事をこなせるようになるか、生産者にやる気を出してもらえるか、何らかの工夫をしなければなりません。

私はライハンさんと相談し、スワローズの女性たちを、バングラデシュの首都ダッカにある他の団体の作業所に連れて行くことにしました。

そこでは、スワローズではひとりが1日に2枚のシャツを縫製しているところを、何と1日に4枚も作っていたのです。ムダをなくし、効率よく作業をするにはどうすればよいのかを、自分で考えてもらうきっかけになりました。

「なるほど。こういうふうにやれば、作業がはかどるわね」

「このくらいなら、きっと私にもできるわ」

ライハンさんのいうとおり、女性たちは予想以上に意欲的でした。

自分のウデに磨きをかけるために、具体的に何をすればいいのか、自分のやり方のどこを変えればいいのかを見いだすために、お手本を真剣に観察。彼女たちのやる気に火がついたようでした。

続いては、デザイン。

手織りの魅力を引き立たせるためには、もっと微妙な質感や、色合いを表現する必要があるかもしれない。そう考えて、糸を変えたり、違うタイプの織り機を使ったりしました。

また、さまざまな植物を使って、草木染めに挑戦しました。

ホリトキという名の木の実や、ココナッツの外皮の繊維であるコイア、ビンロウの果実、紅茶、タマネギの皮……。その地域にある材料を使って色をつけ、硫酸銅などの重金属を媒染剤として使わずに色を定着させる方法を探しました。つまり、持続可能なやり方を探っていったのです。

こうしてスタートから約６週間、なんとかでき上がった手織りのシャツのサンプルが、日本に届きました。ブラウンと生成り（染めていない生地のままの色）、それにブルーと生成りという２種類のチェックです。ブラウンとブルーは、草木染めのやさしい色合いになりました。女性たちの手織りによる布の肌触りのよさ。手仕事の風合い。これはきっと、お客さまの心に伝わるはず。

（これならまちがいなく、「ハンドメイド」・イン・バングラデシュのシャツとして堂々とアピールできる！）

次なる目標は、このシャツをいかにして広めていくか。私の頭のなかは、すぐにそのことでいっぱいになっていました。

仕事も家庭もひとつ屋根の下

フェアトレードの活動は、こんなふうに順調に広がっていきましたが、同時に私は目が回るほど忙しくなりました。

というのも、93年に長男のジェロームを出産してから、プライベートでも忙しくなっていったのです。

何しろ、グローバル・ヴィレッジの活動拠点は、自分の家。仕事もプライベートもいっしょくたで、がんばりすぎて睡眠もろくにとらない……なんてこともしょっちゅうでした。

ジェロームを産んだときも、たった２日間休んだだけで仕事に復帰。生まれて間もない子どもを抱えて昼も夜も仕事をすることになりました。

そのころスタッフは毎日夜遅くまで働いてくれていて、となりの部屋でカタログを発送する作業の音で子どもをなかなか寝かしつけることができない、ということもありました。

自宅と別にオフィスを借りればいいのですが、よけいな出費は避けたいし、仕事と家庭を区別したくないという気持ちもありました。でも、職場が自宅にあると息抜きできる場所もなく、ストレスがたまりました。これは、想像以上につらかった。

ジェロームを産んでから3年後、こんどは長女のナタリーを出産しました。このときも2日の休みで十分と思っていたのですが、体調が戻るまでに思ったより時間がかかってしまいました。

それでも無理に仕事をしていたところ、しだいに疲れがたまり、とうとう帯状疱疹になってしまいました。その痛みといったら、出産のほうがまだましというくらい。起きているときは、四六時中ズキズキと痛み、歩くのも話すのもつらいほどでした。

そのとき、わが家にはすでに10人以上のスタッフが出入りしていました。家には部屋がたくさんあったのですが、ほとんど事務所として使っていたため、私たち家族はひとつの部屋にひとつのふとんで寝ていました。イギリスから遊びに来た私の家族は、この様子を見てびっくりしたようでした。

(自宅ではなく、ちゃんとしたオフィスをかまえたほうがいいのかもしれない)

小さなジェロームとナタリーをだっこしながら、そんなふうに感じ始めていました。

ついに自分たちのショップを開く!

自分たちのお店をオープンするきっかけは、97年のバレンタインのことでした。その年は、バレンタインデーにあわせたフェアトレード・チョコレートのキャンペーンが大成功。新聞などで大きく取り上げられたおかげで、大勢の人たちがチョコレートを求めてやって来ました。

なんと、オフィスの前にお客さまの列ができたのです。でも、オフィスといっても私にとっては自宅。緊張感のないかっこうで、ウロウロしてしまうこともしばしば。

並んで待つお客さまを見るうちに、私はハッとしました。

(これでは、あまりにもマズい……)

わざわざ足を運んで買いにきていただいているのに、身だしなみも整えないまま、がさごそおつりの小銭を探す。いくらなんでも、これはあまりにも失礼です。お客さまが、よりフェアトレードに親しめるような環境を作るためにも、お店をもたなければ……。

それに、お店があれば、遠くからわざわざ商品を買いに来てくださるお客さまはもちろん、商品を卸していたショップのオーナーさんたちにも、もっと楽に商品を見ていただけると思ったのです。そのころ、商品の卸先は、50店舗ほどに増えていました。

私はさっそく、自宅からも近く若者でにぎわう自由が丘で物件を探し始めました。自由が丘で当時ギャラリーを経営していた絵本作家の葉祥明さんと偶然お友だちになり、いっしょに物件を見てもらえることになりました。

物件を探しながら歩いていると、大きくて優雅な、ヨーロッパふうの建物を見つけました。駅からそう遠くない、比較的静かな一角です。

葉さんはその建物を指さして、「これがいいよ」といいました。でも、そこにはバスグッズを販売するお店が入っています。

（すてきだけど、ほかのお店が入っているからムリかな）

そう思いながら、近くにある不動産屋に入ってみたところ、何とあのバスグッズのお店が閉店予定ということで貸し出されているではないですか！　私は運命を感じ、すぐさま契約しました。

ところが、喜び勇んで契約したものの、36坪のスペースはあまりにも大きすぎて、店内をいっぱいにするにはまだまだ商品が足りません。勉強会や音楽ライブのスペースをとっても、それでもまだ余裕があります。

せっかくの新規オープンなのに、スカスカの店内では勢いがつきません。私たちはお店で売るための新商品を、フル稼働で開発しました。同時に、お店の内装や設備を手配し、店頭に立つスタッフをトレーニングし、開店に向けて何もかも急ピッチですすめました。

こうして98年4月に、私たちの第1号店「ザ・フェアトレードカンパニー」がオープン。そして2年後の2000年2月には、店の近くに念願のオフィスを借りました。あわせて、お店とカタログの名前を、現在のブランド名である「ピープル・ツリー」に変更しました。

ピープル＝人、そして、ツリー＝木。人は商品を作る生産者と商品を買う消費者のことを表し、木は自然環境のことを表します。「ピープル・ツリー」には、生産者と消費者に敬意を払い、環境に配慮したモノづくりを心がけるという、私たちの信念がこめられているのです。

私たちは、日本で最大のフェアトレード専門店として新たな一歩を踏み出しました。

『[完全版]「20円」で世界をつなぐ仕事——想いと頭脳で稼ぐ新しい働き方』（小暮真久、2018年、ダイヤモンド社）

社会起業家という仕事

仕事って何だろう？

モノはサービスをつくったり売ったりして利益を上げる、あるいは、そういうことを行っている企業に所属して自分の力を役立たせること。

おそらく、ほとんどの人は、そんなふうに考えているのではないでしょうか。

資本主義の経済では、利益追求の競争によって社会が発展していくという前提があるので、どうしても「仕事は会社の利益を上げるためにする」という考え方が主流になります。

だから、僕のやっているような、「社会事業」というもの、そして「社会起業家」と呼ばれる人々のやっていることが一般の人から仕事として理解されにくいのは、当然のことだといっていいでしょう。

でも、社会事業というものは、利益を追求しないわけではないのです。主に社会事業を担っている団体の総称が「非営利団体」だというのも、誤解を受ける一因なのですが、「利益を上げなければ事業活動が継続できない」という点は、一般の事業も社会事業も同じです。

違うのは上げた利益の使い道です。一般の事業では、利益は主に出資した株主に還元されます。対して社会事業では、利益は再び社会を変えるための活動に使われるのです。

現在、世界の政治や経済のシステムは、残念ながら完璧とはほど遠い状態にあります。そうでなければ、地球温暖化、貧困や格差、紛争やテロなどの地球規模の課題がこれだけ起こっている理由を説明できません。そして、完璧ではないからこそ、誰かがその矛盾や歪みを正していく役割を引き受けなければならないのです。

もちろん、それは国や政治家の仕事でもあります。けれども、グローバル化が進み、国境を越えて資本や情報が行き来する現代においては、多くの社会問題はもはや国単位の取り組みでは意味をなさず、国や政府といった既存の枠組みを超えて解決を図らなければ、どうにもならないところまできているのです。

また、今こうしている間にも、救いの手を必要とする人がいるという現実を前にして、いずれ為政者がなんとかするだろう、などと悠長なことを言っている余裕はありません。

そんな社会が抱えている問題に光を当て、解決策を模索し、人類全体が幸せになる方向に国や人々を導く。僕がやっているのはそういうことであり、それが社会起業家という人たちなのだと思います。

「就職先」としての社会事業

日本では、社会事業というと、正義感の強い人が集まって手弁当で行う善意のボランティアや左翼系の思想活動のように思われがちですが、それは正しくありません。確かにそういった団体や活動があるのも事実でしょう。でも、僕のやっている社会事業は、あくまでビジネス＝仕事なのです。

仕事である以上、厳しく結果を求められるし、その結果に対する責任も生じます。利益を上げ続けるためには緻密な戦略も練らなければなりません。営業やマーケティング、ファイナンスなどの知識やスキルも要求されます。

そう見ていくと、目指すゴールがちょっと違うだけで、やっていることは一般の事業とたいして差はないのです。また、そこで働く人は、定時に出勤し、営業に出るときはスーツを着てネクタイを締め、月末には給料を受け取るという点も、一般的なビジネスパーソンと変わりないと言えます。

社会事業を仕事にしているからといって、清貧の暮らしを強いられるとか、既にビジネスで成功した人だけにしかやる資格がない、というのも誤解です。

今どき、「会社のために生活のすべてを犠牲にする」という人がいないように、「人生を捧げなければ社会事業なんてできない」と考えるのはまったくのナンセンスです。

ただ、日本では社会事業は歴史が浅い上に、それがどういうものかという説明もこれまで十分されてこなかったので、正しく理解されていないのは仕方がない面もあります。正直に言えば、僕自身も以前から社会事業に関心はありましたが、それが仕事として成り立つという実感が持てるようになったのは、実際に自分がそこに飛び込んで、さらにしばらく経ってからのことでした。

もちろん、これまでも本業に加えて社会貢献に熱心に取り組む企業はたくさんありました。でも、今起こっている変化は、「社会事業そのもの」をビジネスとする企業や団体がどんどん増え、そこを働く場とする人もどんどん増えている、という事実なのです。

僕はこの本を通じて、一般の企業で働くことも、社会事業を行う団体で働くことも、単なる職種の違いでしかないということを、ちゃんと説明していきたいと思います。

就職先や転職先の選択肢として社会事業もある、ということはもっと広く認知されていいはずです。今、この新しい分野の仕事はどんどん増えているのです。「社会を変えたい」という想いとチャレンジ精神のある人にとって、社会の歪みを改め、よりよくしていく、というこの分野の仕事は、とてもやりがいのあるものに感じられるはずです。

誰もが、お金をたくさん稼げばそれだけ幸せだと感じるわけではないでしょう。中には人を笑顔にしたり、感謝の言葉をかけてもらったりすることを、お金をたくさん稼ぐよりも価値がある、と感じる人もいることでしょう。

そういう人たちが、そんな自分の想いを実現できる仕事があるって、素晴らしいことだと思いませんか？

テーブル・フォー・ツーって？

NPO法人「TABLE FOR TWO International（テーブル・フォー・ツー＝TFT）」の事務局長、というのが、現在の僕の肩書きです。

全世界にいる67億人のうち10億人が、食事や栄養を十分に摂ることのできない貧困状態に置かれています。その一方で、日本を含む先進国では、ほぼ同じだけの数の人が、食べ過ぎによる肥満や生活習慣病に悩んでいるのです。

TFTはこの「食の不均衡」を解消し、先進国と開発途上国の人々をともに健康にすることを目指し、2007年2月に発足しました。

TFTがやっていることを簡単に説明しましょう。

社員食堂を持つ企業や団体と提携して、通常より低カロリーで栄養バランスのとれた特別メニューを提供してもらいます。そして、そのメニューの価格は 20 円を上乗せして設定します。その 20 円は寄付金として TFT を通じてアフリカに送られ、現地の子どもたちの給食費にあてられます。つまりは、「食糧が余っている先進国」と「食糧が足りない開発途上国」の、世界的な食糧の不均衡を解決する、というしくみなのです。

「20 円」という値段には大きな意味があります。

20 円は、TFT が支援しているアフリカの子どもたちが学校で食べる給食 1 食分の値段なのです。つまり、TFT のヘルシーメニューを選ぶと、その人は自動的にアフリカの子どもに給食を 1 食寄付したことになる、という寸法です。

普通にランチを食べることがそのまま社会貢献になるので、面と向かって寄付だ募金だ、と言われると思わず構えてしまう人も、抵抗なく参加することができます。いいことをしながら自分自身も健康になれるので、これまでのボランティア活動にありがちだった義務感や心理的強制といった重苦しさがないところも、TFT の活動が多くの人に支持される理由になっています。TFT を導入した企業側が、CSR（企業の社会的責任）活動として対外的にアピールできることもポイントです。

TFT は創設されてからまだ 2 年。動き出したばかりなので、もちろん不十分な点もたくさんあります。でも、まだそんな段階にあるにもかかわらず、既に約 100 もの企業・団体が TFT に参加してくださり、60 万食の給食をルワンダ、ウガンダ、マラウイの 3 カ国の子どもたちに送ることができました。60 万食の給食というのは、延べ 60 万人の人が TFT に参加してヘルシーメニューを食べてくれた、ということであり、2,700 人のアフリカの子どもたちが 1 年間給食を食べられる、ということでもあります。TFT を導入する企業・団体は日本を代表する大手企業をはじめてとして、参議院食堂やほぼすべての中央省庁、そして全国の大学に広がっています。活動の輪は海を越えた広がりも見せ、インドやアメリカの社員食堂や世界の政界、財界の要人が集まった国際会議のランチ会場などでも TFT プログラムが実施されました。この実績は、僕たちの理念や方向性が決して間違っていない、という自信につながっています。それだけ多くの人が TFT の活動に期待してくれていることの証左なのだと思っています。

事実、立ち上げからこれまでに数多くのメディアの方が取材に来てくださいました。また、政治家や閣僚、アーティストといった人の中にも、TFT に関心を持つ人は多く、イベントに足を運んでくださったり、寄付をしてくださったりする人もどんどん増えています。第一線で活躍するビジネスパーソンや経営者の中には「中途半端な社会貢献なんて意味がない」「自分には関係ないし、忙しくて時間もない」と言う人もいます。けれども、そういう人たちがメディアで取り上げられた TFT を知り、僕たちのビジネスや戦略を理解して、「これは今までの社会貢献とは違うから、仕事として協力したい」と言ってくれるのです。そして実際に、時間を割いて彼らの経験や知識や商材を提供してくれています。

僕が出演したラジオをたまたま聞いていた人が寄付金を送ってくれたり、「自分の故郷に関心を持ってくれてありがとう」とウガンダの方が突然事務所にやってきたり、そういったうれしい驚きも日々あります。そして、そのたびにこの事業への期待の大きさと、責任の重さを感じるのです。

「ワクワクしながら働く」ということ

「天職」というものがあるとしたら、僕は 30 代半ばにしてようやくそれに出会えた、と実感しています。

しかし、「天職に出会う」ということは、その仕事をしていればつらいことが 1 つもないとか、毎日が楽しくてたまらないとかいう意味ではありません。むしろ、この社会事業という仕事は、これまでにやってきたどの仕事よりも苦労が多いような気がします。

なぜかと言えば、まずは社会事業に対する世間の見方が挙げられるでしょう。特に日本の場合は、「社会事業なんて仕事じゃない」「善意のある人が無償でやるべきこと」と考える人が多く、そういう人からの言葉で落ち込むこともあります。

あるいは、一般的なビジネスとの違いからくるものもあります。

たとえば、提携をお願いしている企業の方から「資料を至急 100 部送って」という依頼を受けたとします。普通のビジネスであれば、ごく当たり前の要求でしょうが、できたての NPO である僕たちはギリギリの人員と予算で活動をしているので、そうした依頼にも「1

部お送りするので、あとはそちらでコピーしてください」といった対応になってしまいます。ただ、それだけでは気分を害される方もいるでしょうから、「今、スタッフ2人だけでやっており、予算もギリギリなのでどうかご容赦願います」と言って、その都度僕たちの状況を説明しています。このように日々の事務的なやりとりだけでかなりの神経を遣う、というのもちょっとつらいところです。

それから、スタッフの報酬の問題もあります。

アメリカなど社会事業が仕事として根付いている社会では、大規模なNPOで働くスタッフは一般の企業に勤める人と遜色ない収入を得ているのが普通です。そうでなければ優秀な人材から見向きもされない、という現実があるからです。しかし、残念ながら、日本のNPOにはまだそれだけのステイタスがなく、財務的な基盤も脆弱です。

僕もTFTが事業として成長するまで、自分を含めたスタッフが薄給なのは仕方がないことだと思っています。ところが、わずかであっても給料をとること自体が良くない、と言う人もいるのです。「社会事業をやるならボランティア＝無給でやれ」と言われると、「僕たちにも生活があるので」という話をさせてもらいますが、そういうことが何度もあると、ちょっとげんなりするのも事実です。

そんなもろもろのことがありつつも、僕が今の仕事を天職だと思うのは、どんなにつらい思いをしても、これは「僕がやるべきことなんだ」という確信があるからです。

これまでは、どんなに成果を出し、たくさん給料をもらっても、「もっと他にやるべきことがあるのではないのか」という、どこか居心地の悪い感覚が頭の片隅から去ることはありませんでした。今はそういう迷いのようなものが、まったくといっていいほどないのです。

これは、「やりたかったことをやっている」という、単なる自己満足とは少し違います。これまで、日本が国際社会に貢献することといえば、ODAを通じてお金を出すことしかない、と思われていました。その日本と日本人が、地球から貧困を追放するしくみを考え、それを世界中に広めようとしているのです。そして、それが現実のものとなる確かな手ごたえを、今の仕事からは感じるのです。

これまで、「仕事というのはつらいものであり、意に染まないこともやらなければならない」とされてきました。小さいころ抱いていた夢や希望も会社に入ったら最後、自分の中に閉じ込めなければならない、多くの人がそう思って働いてきたのではないでしょうか。

でも、それは本当でしょうか？　小さい頃の夢や希望は、その人の一生を方向付ける「想い」の根幹を成すものであるはずです。この想いを素直にいかせる仕事こそ、その人にとっての天職であるはずです。

僕自身、いくつかの仕事といろいろな悩みを経て、TFT の仕事に出会いました。そして今、想いをいかして働くことがいかに自分にとって自然で楽しいことか、それを心から味わっています。

人は何のために仕事をするのでしょうか？

これが正しい、と思われてきた価値観が一瞬で壊れる今の時代にあって、もはや自分だけが幸せになるための働き方や生き方といったものはあり得ない、ということに多くの人が気付きはじめています。

想いを実現すること、そしてその想いとは、自分だけではなく、他人を思いやる気持ちであること。自分だけではなく、他人を幸せに、そして社会をよいものにすること。これが、社会事業に限らず、これからの時代の「働く意味」なのだと思うのです。

今はまだ微力ですが、日本ではじまった TFT がやがて各国に広がり、一大ムーブメントを引き起こす。そして世界中の人たちが TFT に参加したとき、この地球上から貧困が消える。

そのときのことを想像すると、僕は胸の高鳴りを抑えることができず、思わず叫び出したい気持ちにすらなります。日々こんな気持ちでのぞめる仕事が他にあるなら、教えてほしいくらいです。

僕は、自分を特別だとか特殊な能力や才能にあふれている、とか思ったことは一度もありません。どこをとってもどこにでもいる普通の人間でしょう。けれども、そんな僕でも、自分の想いが充足される満足感と、この仕事は自分がやるべきなんだ、という使命感を感じ、社会とつながる実感を持って、毎日ワクワクしながら働くことができるのです。

どうすればそうなれるのか。僕にも答えそのものはわかりません。

その代わりに、僕がこれまで何を考えてどう生きてきた、そして今、何をしているのか。そのことについて、この本でご紹介できればと思っています。

そんな僕のこれまでが何らかのヒントになって、天職に出会える人が出てくるなら、こんなにうれしいことはありません。

大きな課題解決のための「大きなつながり」

世界には今、地球温暖化、貧困や格差、食糧・水不足、地域紛争など、地球規模の課題が山積みになっています。悲観的にはなりたくありませんが、これら地球規模の課題の成り立ちはさまざまな要素が複雑に絡み合っているので、その解決にも相当の労力が必要になります。

これらの課題に対して、僕たち日本人はどう対応したらよいのでしょうか？

「いずれアメリカなどの諸外国がなんとかしてくれる」「国単位ではどうにもならないことだから国連に任せておこう」と傍観することもできるでしょう。でも、世界の中の一員として課題に向き合い、解決策を模索し、問題解決に参加することもできるはずです。

日本人が問題解決の当事者になるといっても、「こんな大きな課題に取り組むのは政府の仕事だ」というのが、普通の人の反応だと思います。政府が決めて ODA や国際外交などの手段を駆使してなんとかすべき問題、そう考えるの自然です。だって、僕たち一般人は、こうした大きな問題解決に取り組む意志があっても、実際に参加できる方法がないのですから。あったとしても、その場限りの寄付活動だったり、多くの時間や知識、経験を必要とするものだったりします。

でも、現状を見ると、政府がこうした問題を一手に引き受けるのは、とっくの昔に限界にきていたことがわかります。

地球的な課題の１つである「貧困」を例にとると、ここには「ミレニアム開発目標」というものがあります。

2000 年９月、ニューヨークにおいて「国連ミレニアム・サミット」が開催され、150 人以上の国家元首・首脳が参加しました。ここで採択された宣言と 90 年代にまとめられた国際開発目標を統合し、１つの共通の枠組みとしてまとめたものが「ミレニアム開発目標」です。簡単に言えば、世界が「やりましょう」と約束し合った開発途上国支援に関する目標です

目標は８つの項目に分かれており、うち１つは「貧困」に関するもので、そこには「2015 年までに飢餓に苦しむ人口の割合を半減させる」という内容があります。2015 年といったらもうすぐです。それなのに、飢餓に苦しむ人口は減少するどころか、むしろ増加傾向にある、と言われています。

世界の国々が約束した目標を達成するためには、問題解決の大幅なスピードアップを図らなければなりません。そして、この約束をした国々の中には、日本も入っているのです。

地球規模の課題というとなんだか遠いものに感じてしまいますが、僕たちはこの問題の影響をふだんの生活の中で受けはじめています。夏の異常なまでの暑さや、冬に雪が降らなく

なったことを「地球温暖化のせいかなあ」と感じる機会は多いことでしょう。「極東の島国」である日本も、地球上の１つの国である以上、こうした課題から完全に逃れることはできません。

であれば、問題から目を背けて他者や時間に解決を委ねるよりも、ちゃんと向き合って対処した方が気持ちがラクになるのではないでしょうか？

でも、僕たちのような個人が、政府や国際機関だけに頼らずに、こうした問題に取り組むためにはどうしたらいいのでしょうか？

僕たち日本人の誰もが地球規模の課題解決に参加して成果を出す方法。僕はそれが「大きなつながり」を生み出すことだと思っています。

地球規模の課題は、問題が複雑に絡み合って解決を難しくしています。解きほぐして解決するためには、政府や国際機関の知識や力の他に、これまで動員できていなかったパワー、つまりは一般の人や企業などの力を結集する必要があるのです。そして、それを実現するのが「大きなつながり」なのです。

僕の考える「大きなつながり」ができるまでの流れは次のようなものです。

「大きなつながり」を生み出すステップ

①地球規模の課題を解決したいという「想い」を発信する

↓

②専門機能をつなげて「代表チーム」をつくる（課題解決力が圧倒的に高まる）

↓

③「しくみ」に高め、価値を生み出す

↓

④「しくみ」を一般の人に使ってもらい、大きくする

↓

⑤地球規模の課題解決が進む！

「特定非営利活動法人　TABLE FOR TWO International」ウェブサイト
https://jp.tablefor2.org/ ［2021 年 3 月 18 日検索］

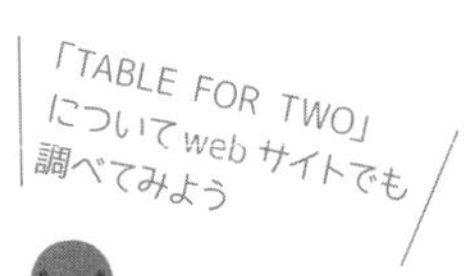

「世界がもし 100 人の村だったら」

① 世界には（ 77 ）億人の人がいますが
もしもそれを 100 人の村に縮めるとどうなるでしょう。
100 人のうち

② （ 25 ）人が子どもで　（ 75 ）人が大人です
そのうち（ 9 ）人がお年寄りです

③ （ 31 ）人がキリスト教　（ 23 ）人がイスラム教
（ 15 ）人がヒンドゥー教　（ 7 ）人が仏教を信じています　＜中略＞
（ 24 ）人は、ほかのさまざまな宗教を信じているか
あるいはなにも信じていません

④ （ 12 ）人は中国語をしゃべり　（ 6 ）人はスペイン語を
（ 5 ）人は英語を　（ 4 ）人はヒンディー語を
（ 3 ）人はアラビア語を　（ 3 ）人はベンガル語を　（ 3 ）人はポルトガル語を
（ 2 ）人は日本語を　（ 2 ）人はロシア語をしゃべります
あとの（ 60 ）人はインドネシア語、ドイツ語、フランス語などをしゃべります

⑤ （ 11 ）人は栄養がじゅうぶんではなく　（ 1 ）人は死にそうなほどです
でも（ 22 ）人は太り過ぎです

⑥ （ 78 ）人は食べ物の蓄(たくわ)えがあり　雨露(あめつゆ)をしのぐところがあります
でも、あとの（ 22 ）人はそうではありません
（ 9 ）人は、きれいで安全な水を飲めません

⑦ 村人のうち
（ 7 ）人が大学教育を受け　（ 40 ）人がインターネットを使っています
けれど、（ 14 ）人は文字が読めません

（『世界がもし 100 人の村だったら』池田香代子再話／ C. ダグラス・ラミス対訳（マガジンハウス）より一部抜粋）

＊数字は新しいものに訂正しています
参考：「100 People: A World Portrait」https://www.100people.org/statistics_100stats.php?section=statistics
[2021 年 7 月 1 日検索]

＊④⑦は新しいデータに合わせて一部改変しています

① 現職
② 最終学歴・学位
③ 専門・研究分野
④ 主な著書・論文など
⑤ CLIL のここが好き

［著者略歴］

奥野　由紀子（おくの　ゆきこ）［編著］

① 東京都立大学人文科学研究科　教授
② 広島大学大学院教育学研究科博士課程後期修了・博士（教育学）
③ 第二言語習得研究
④『日本語教師のための CLIL（内容言語統合型学習）入門』（共著）凡人社、『第二言語習得過程における言語転移の研究─日本語学習者による「の」の過剰使用を対象に』風間書房、『生きた会話を学ぶ中級から上級への日本語なりきりリスニング』(共著)ジャパンタイムズなど
⑤ 4C を意識すると学びが変わる。

小林　明子（こばやし　あきこ）

① 島根県立大学国際関係学部　准教授
② 広島大学大学院教育学研究科博士課程後期修了・博士（教育学）
③ 第二言語習得における学習者要因
④『日本語教育に役立つ心理学入門』(共著)くろしお出版、「内容言語統合型学習（CLIL）」の実践と効果─日本語教育への導入と課題」『第二言語としての日本語の習得研究』第 22 号など
⑤ CLIL はとにかくおもしろい！

佐藤　礼子（さとう　れいこ）

① 東京工業大学リベラルアーツ研究教育院　准教授
② 広島大学大学院教育学研究科博士課程後期修了・博士（教育学）
③ 第二言語習得の認知プロセス
④『自己調整学習─理論と実践の新たな展開へ』(共著)北大路書房、『自己調整学習ハンドブック』(共訳)北大路書房など
⑤ CLIL で学習者も教師も共に成長できます。

元田　静（もとだ　しずか）

① 東海大学国際教育センター留学生支援教育部門　教授
② 広島大学大学院教育学研究科博士課程後期修了・博士（教育学）
③ 教育心理学
④『第二言語不安の理論と実態』渓水社、『日本語教育法概論』(共著)東海大学出版会など
⑤ 4C。シンプルなのに奥深い。

渡部　倫子（わたなべ　ともこ）

① 広島大学大学院人間社会科学研究科　教授
② 広島大学大学院教育学研究科博士課程後期修了・博士（教育学）
③ 言語評価
④『語から始まる教材作り』(共著)くろしお出版、『改訂版　日本語教育学の歩き方─初学者のための研究ガイド』(共著)大阪大学出版会など
⑤ CLIL のふり返り（学習としての評価）は学習者と教師の味方！

【本教材のサポートページ】 (2021 年現在)

https://www.bonjinsha.com/wp/clil_p

「DL ポートフォリオ」など
(ダウンロードファイル)

(凡人社ウェブサイト内特設ページ)

＊本書の印税の一部を国際平和を支援する非営利団体に寄付しています。

日本語×世界の課題を学ぶ
日本語で PEACE ［Poverty 中上級］

2021 年 8 月 20 日 初版第 1 刷発行
2023 年 5 月 20 日 初版第 2 刷発行

編著者 奥野由紀子

著者 小林明子，佐藤礼子，元田 静，渡部倫子

発行 株式会社 凡人社
〒102-0093 東京都千代田区平河町 1-3-13
電話 03-3263-3959

本文・カバーデザイン コミュニケーションアーツ株式会社
印刷・製本 倉敷印刷株式会社

定価はカバーに表示してあります。乱丁本・落丁本はお取り換えいたします。

ISBN 978-4-89358-990-3